U0900470

房地产会计

真账实操全流程演练

图解案例版

平准 编著

人民邮电出版社
北京

图书在版编目（CIP）数据

房地产会计真账实操全流程演练 : 图解案例版 / 平准编著. -- 北京 : 人民邮电出版社, 2018.5
ISBN 978-7-115-48056-9

Ⅰ. ①房… Ⅱ. ①平… Ⅲ. ①房地产业－会计－图解 Ⅳ. ①F293.342-64

中国版本图书馆CIP数据核字(2018)第047996号

内 容 提 要

多年以来，房地产行业一直是我国经济增长的支柱产业之一。为了满足房地产行业会计从业者的业务需要，我们精心编写了本书，以期帮助房地产行业会计从业者领会企业会计准则的精髓、做好房地产企业的会计实务工作。

本书包含了房地产开发企业常见的会计核算事项，用8章展开具体介绍，分别是房地产开发企业会计概述、企业设立阶段、获取土地阶段、开发建设阶段、转让及销售阶段、投资性房地产、利润结转及分配和财务会计报告。本书按照房地产开发业务的阶段流程依次介绍，条理分明，便于读者了解各个阶段会计核算的特点。这也是本书最大的特点和优势。

本书适用于在房地产企业从事会计工作的从业者，特别是初入此行业的会计人员。本书通过列举大量实例，很好地将实务和理论相结合，有利于读者融会贯通，深入掌握。

◆ 编　　著　平　准
责任编辑　李士振
责任印制　周昇亮

◆ 人民邮电出版社出版发行　　北京市丰台区成寿寺路 11 号
邮编　100164　　电子邮件　315@ptpress.com.cn
网址　http://www.ptpress.com.cn
三河市祥达印刷包装有限公司印刷

◆ 开本：700×1000　1/16
印张：13.25　　2018 年 5 月第 1 版
字数：248 千字　　2018 年 5 月河北第 1 次印刷

定价：49.80 元

读者服务热线：(010)81055296　印装质量热线：(010)81055316
反盗版热线：(010)81055315
广告经营许可证：京东工商广登字 20170147 号

前言 Preface

本书主要内容

本书结合房地产企业的业务特点，将房地产企业的经营划分为筹建、储备土地、施工建设、销售、持有物业、结转分配利润阶段以及编制财务报表等7个阶段，依次详细介绍了每个阶段的业务操作及相应的会计处理，使读者能够结合业务运行，掌握房地产业务会计核算的要求，实现规则与实务的紧密结合，切实提高动手操作的能力。

本书主要特色

特色一：结构新颖，是以业务流程为主线的会计实务用书

一本会计实务用书必须要做到因地制宜，简洁高效地说明和解决实务问题。正因如此，本书一改传统会计书的讲解模式，不再按照会计科目分章节展开，而是从房地产企业设立、获取土地、项目立项报批、开发建设、转让及销售等业务阶段为主线展开内容，结构新颖，让读者在企业的业务发展流程中，掌握会计核算的要求。

特色二：全面剖析，实现会计与税务的“强强联合”

本书在对房地产企业的会计实务进行深入分析的基础上，还关注到税收这一影响企业收益的重要支出事项，并将其分立为每个经营阶段的一部分单独进行剖析。由于房地产企业经营范围及所涉税种的逐步扩大，所以相关主管部门有必要将房地产与税务有效结合，以实现对房地产企业的税收筹划。

特色三：图文并茂，有利于系统性知识点的理解

本书结合会计学习的特点，尽量做到深入浅出，将一些系统性的知识点独

具匠心地以图表的形式列示，语言简洁，内容详实，结构清晰，前后联系，对比分析，让读者加深对相关知识的理解和记忆，便于总结提炼。这会给读者的学习带来事半功倍的效果。

特色四：精讲案例，通向实务的快速车道

本书对大部分较难处理的房地产企业相关业务的会计事项，精心设计编写了相应的案例，并对此展开全面、准确、深入的解读，还原了实务中的会计操作，提升了读者解决实际问题的能力。

本书适用人群

（1）如果你是初入房地产企业的会计新人，想要具体了解此行业的会计核算，建议你按照章节次序，依次了解和学习。

（2）如果你已具备房地产企业会计核算的基本知识，那么可以从目录中检索出想要深入学习和掌握的部分，进行有针对性的阅读和提升。

本书撰写团队

本书由平准老师及其团队编写，具体参与编写的有姚敏（中国财政科学研究院）、刘淑凤（中国财政科学研究院）、许诺（中国财政科学研究院）、普艳阳（中国财政科学研究院）、张雅玲（中央财经大学）、王宁（中央财经大学）。

由于时间仓促，作者对会计法规制度的理解可能存在偏差，书中存在的不妥之处亦在所难免，敬请广大同仁和读者不吝指正。

读者资讯邮箱：suoxh@139.com

读者 QQ 群：2821884157（求索会计教育）

平　准

目录 Contents

第 8 章 四张表，看懂房企的三生三世——财务会计报告

第1章

会计，你真的懂吗
——房地产开发企业会计概述

房地产行业是我国国民经济的重要支柱产业之一，在现代社会经济生活中有着举足轻重的作用，其发展对启动消费、扩大内需、拉动相关产业发展和促进经济增长等有着巨大作用。随着产业的发展，房地产企业对财务人员的需求增加，并且对财务工作人员的处理业务的能力提出了更高的要求。

1.1 房企，整天忙什么

房地产是土地和房屋及其权属的总称，是人类赖以生存的基础。房地产开发企业是指以营利为目的，从事房地产开发和经营的企业，其业务主要包括房地产开发经营、物业管理、房地产中介服务及其他相关的房地产业务。

在本书中，我们重点介绍房地产开发经营业务的会计核算和涉税事项，对于物业管理、房地产中介服务及其他房地产活动不做重点的介绍。

1.1.1 盖房子、卖房子，房企的主要业务

通俗地讲，盖房子、卖房子是房地产开发企业最为核心的业务。房地产开发企业的主要业务如图 1-1 所示。

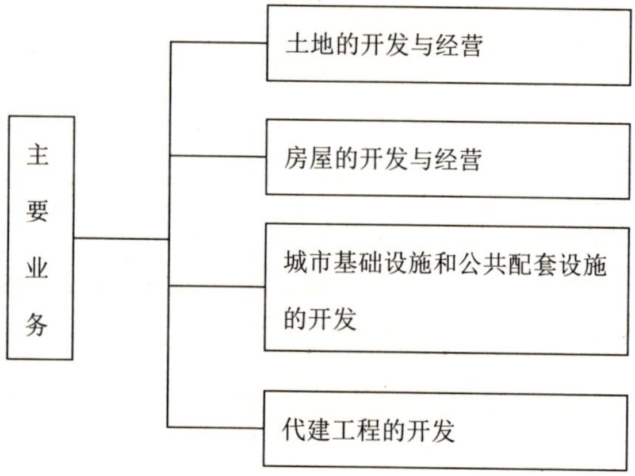

图 1-1　房地产开发企业的主要业务

1.1.2　吃钱的行业，房企的经营具有什么特点

对于房地产开发企业的经营特点，可以用一词来说，那就是“吃钱”。买地需要巨额资金、高楼需要大量资金、每年的融资费用也是一笔巨额的支出。房地产开发企业的经营特点如图 1-2 所示。

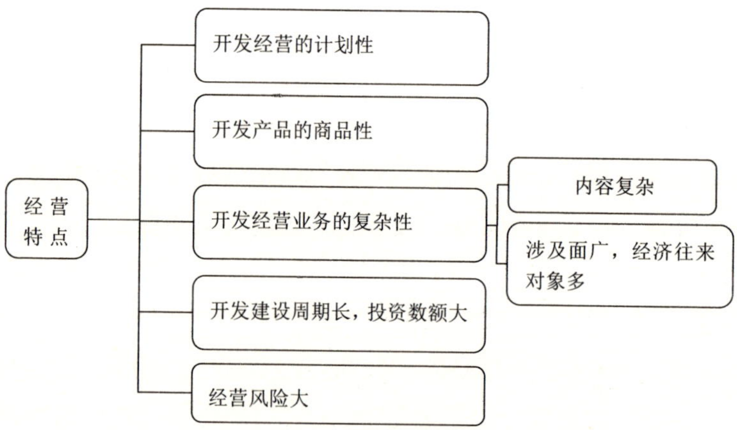

图 1-2　房地产开发企业的经营特点

知识链接

房地产开发流程

房地产开发企业的开发经营业务主要包括以下环节。

（一）设立企业阶段

设立房地产开发企业是房地产开发经营的起点；且房地产开发企业是房地产开发经营的法律主体。企业设立阶段涉及接受投资者的出资和开办企业的相关费用，是房地产开发企业进行会计核算的第一个阶段。

（二）获取土地使用权阶段

土地是房地产开发不可或缺的资源。在房地产开发过程中，房地产开发企业获取开发用土地是房地产开发的基础。获取土地阶段包括前期调研和拿地两个阶段，其中，获取土地前的调研准备是非常重要的环节，全面深入地了解地块和市场情况是进行成本估算和项目经济性评价的基础。

（三）房地产开发建设阶段

本书所说的开发建设阶段包括项目策划、报批报建、施工建设、竣工验收及开发完成后的初始产权登记。

项目策划包括根据前期调研阶段的调研结果确定项目定位、制订产品目标与发展计划。有的公司在拿地前进行项目策划，有的公司则是在拿地后进行。严格来说，项目策划是一个独立的环节，因为在此环节一般不发生会计和纳税业务，本书将其并入开发建设阶段。

报批报建是取得项目开工建设的一系列许可证和取得项目建设用地的国有土地使用权的过程。项目施工是房地产开发企业委托施工单位进行项目施工的阶段，是房地产开发的重要阶段。竣工验收是房地产开发产品完工后，根据《中华人民共和国建筑法》《中华人民共和国城市房地产管理法》等相关法规规定，进行竣工验收的过程。

（四）转让及销售房地产阶段

转让及销售房地产阶段是房地产开发企业出售商品房等开发产品，并回收资金实现盈利的阶段。转让及销售的过程包括前期的营销策划、签订销售合同、交付、登记办证等环节。房地产交付是完成销售的标志，只有进行交付才算最终完成销售。房地产买卖存在两个交付，即房地产本身实物交付及其产权的交付。实物交付是房地产买卖中主要的义务，出卖人完成了实物交付，就是履行了合同中最主要的义务之一。登记办证主要是按照相关规定，办理产权登记，并办理产权证。办理房地产交付手续标志着转让与销售的实现，办理登记办证，从法律上标志着房地产开发程序的终结。

（五）持有房地产阶段

房地产开发产品完成后，有的将其转让或销售，而有的却将其持有。在市场经济条件下，房地产市场日益活跃，有的房地产开发企业开发房地产的目的是为了转让或销售，而有的房地产开发企业开发房地产的目的是为了持有房地产用于赚取租金或增值收益。

1.2 会计，为房企创造什么价值

1.2.1 不要说，你懂房地产会计

房地产开发企业会计是指在土地和房屋及配套设施的开发过程中，对其劳动成果及相应的劳动耗费进行计量的专门化的会计。房地产会计的概念如图 1-3 所示。

房地产开发企业会计的概念

- 运用于房地产开发企业的一种专业
- 以货币为主要计量单位
- 通过运用专门的方法，对房地产开发企业的经济活动进行全面、连续、系统的核算和监督
- 目的是促进房地产开发企业加强经营管理、提高经济效益

图 1-3 房地产开发企业会计的概念

房地产开发企业通过会计对经济业务事项的确认、计量、记录和报告

程序，提供的真实、准确、可靠的会计信息，以帮助企业利益相关方，如政府管理部门、企业投资者、经营管理者及时了解该企业的财务状况、经营情况和现金流量，并据以作出科学合理的经济决策。

房地产开发是通过土地、建筑材料、市政设施、公共配套设施、劳动力、资金、技术和服务等多种资源的组合使用而为人们提供入住空间，并改变人们生存的物质环境的一种活动。一般情况下，房地产开发过程主要分为五个阶段。房地产开发企业的资金运动在不同阶段表现为不同的资金形态，形成资金的循环与周转。会计也应适应不同阶段的资金运动需要而进行会计核算。房地产开发过程如图 1-4 所示。

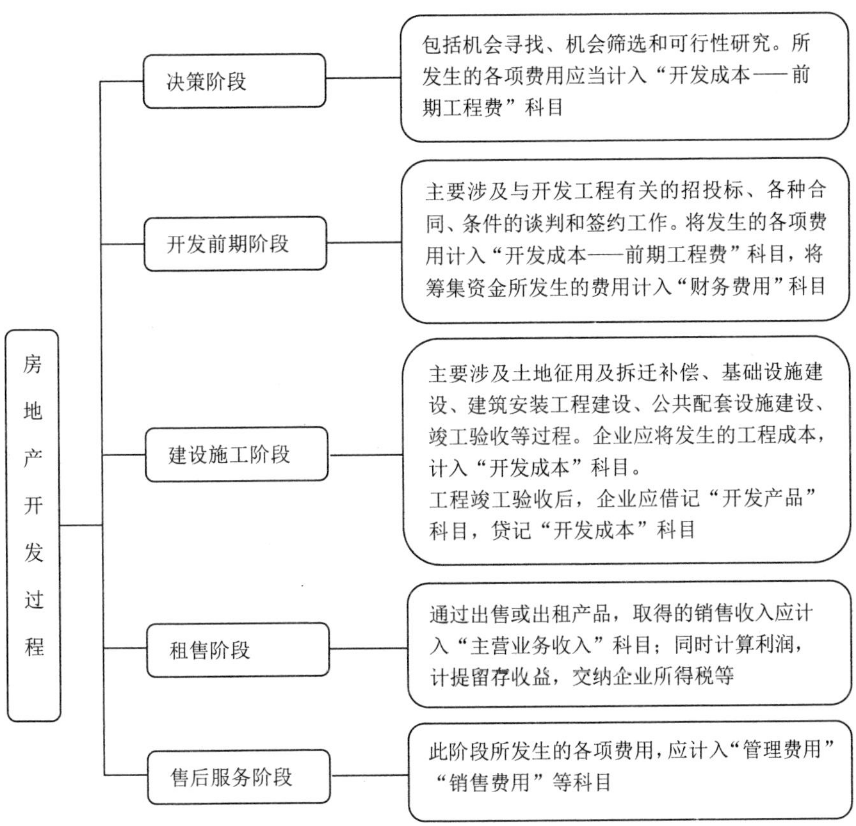

图 1-4　房地产开发过程

1.2.2 房地产会计的职能

房地产开发企业会计的职能是会计在经营管理过程中所应具备的功能，在不同的经济发展水平下，在不同管理水平的企业中，会计职能的发挥有很大的不同。从我国当前会计实践和会计法规的规定来看，主要有会计核算和会计监督两大职能，具体如图 1-5 所示。

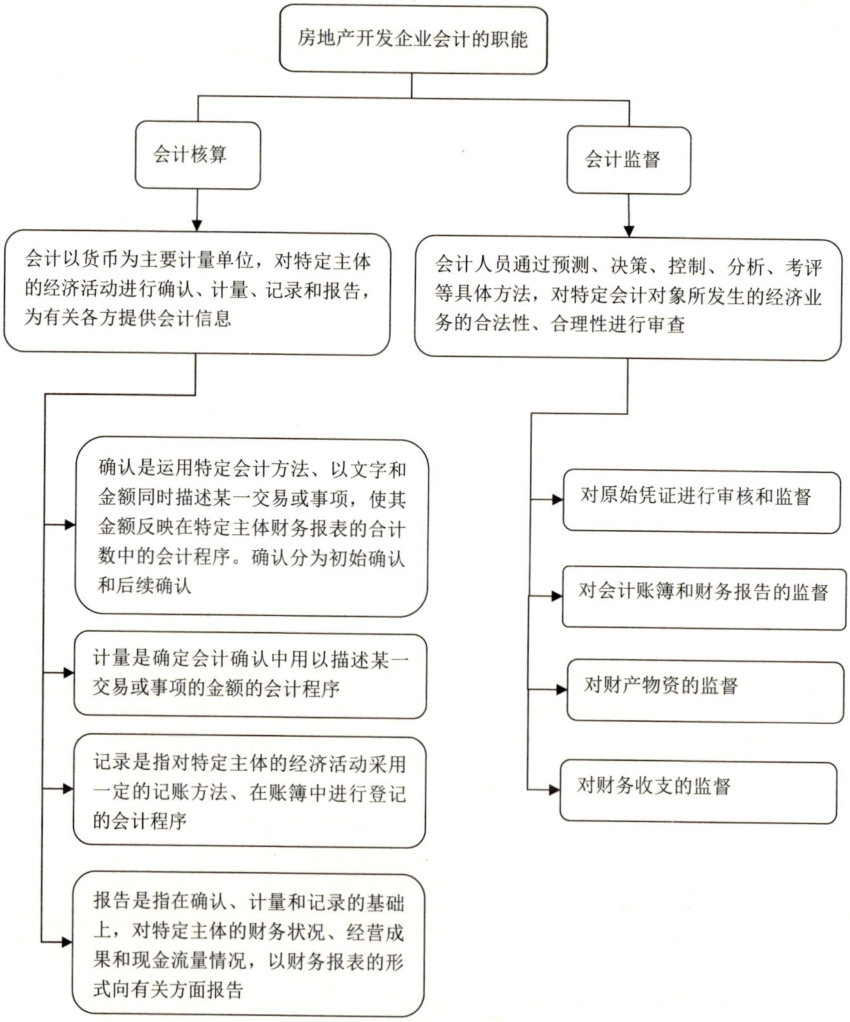

图 1-5 房地产开发企业会计的职能

1.2.3　房地产会计的核算内容

房地产开发企业的资金运作方式主要表现在以下几个方面：取得或者筹集资金，在生产过程中运营资金，通过产品（商品）销售收回资金，计算经营成果，使部分资金退出企业、部分资金重新进入企业。房地产会计就是对房地产开发企业资金运动的过程进行会计核算和会计监督。房地产会计核算的主要内容如图 1-6 所示。

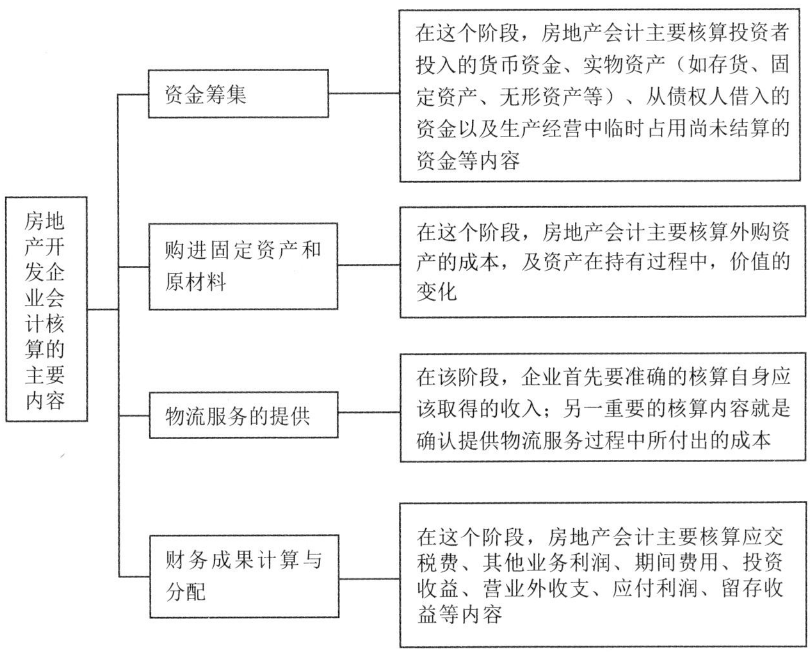

图 1-6　房地产开发企业会计核算的主要内容

1.2.4　房地产会计核算的特殊性

1. 存货核算的特殊性

因房地产开发企业的营业周期长，故房地产开发企业的存货与一般工商企业的存货相比有两个明显的特点：第一，其他企业拥有的土地使用权一般作为无形资产核算，而房地产开发企业的土地使用权是作为存货核算的；第二，房地产开发企业的存货的借款费用可以进行资本化。

2. 预收账款核算的特殊性

由于投资额大、营业周期长，所以房地产开发企业大多实行商品房预售制度。由于项目尚未完工，即使开发产品已预售完毕，其预售款项只能计入预收账款。一般房地产开发企业在符合收入确认条件前无法确认为收入，预收账款余额比较大。鉴于房地产开发企业预收账款的特殊性，会计上要求房地产开发企业在预收账款项目附注中，除列示账龄余额外，还应列示期末余额、预计竣工时间和预售比例。

3. 收入核算的特殊性

由于房地产开发企业的特殊性，使其收入核算有收入多样性、收入确认的特殊性和各期收入的波动性等特点。如表 1-1 所示。

表 1-1 收入核算的特殊性

收入的多样性	房地产开发产品的形式包括土地、商品房、配套设施和其他建筑物等，商品房的形式又包括住宅、办公、商业、酒店等多种不同类型
收入确认的特殊性	由于房地产开发产品和开发经营的特殊性，在会计核算时，其收入的确认同一般工商企业相比具有一定的特殊性。房地产开发产品的价值高、开发周期长，需要大量的资金，销售往往采用预售办法。预售属于远期交易，造成收款期与房屋交付期不一致。再加上销售房地产不但需要实物交付还需要产权转移，所以房地产收入确认非常特殊。实务界和理论界对此存在较大的争议
各期收入的波动性	房地产开发企业的开发周期较长，在项目建设期内需要投入大量资金，并发生大量费用，但由于项目尚未完工，其预售款项无法确认为收入，只能计入预收账款，因此项目建设期内业绩不佳。项目验收后，大量预售款项确认为收入

4. 成本核算的特殊性

房地产开发企业的成本既不是完全成本，也不是制造成本，成本核算有其特殊性，如表 1-2 所示。

表 1-2　成本核算的特殊性

核算时间跨度长	由于房地产开发周期长，所以使成本核算的时间跨度很长，往往超过一年，甚至数年
开发产品的成本组成不同	由于房地产开发企业的产品种类多，且设计的多样性，导致开发产品的成本组成具有很大的差异，使得成本核算非常复杂，因此在进行房地产成本核算时，要求根据具体情况进行分析核算
各步骤之间的成本不能明确区分	房地产开发的周期长，涉及的施工单位多，需要不同工种的施工单位协同作业，属于多步骤生产。但它与制造业不同，各工种可在同一时间、同一地点进行平行交叉或立体交叉作业，各生产步骤之间并无明确的时间或地点界限，因此在会计核算上，难以准确计算各步骤开发产品的成本。另外，房地产开发企业的成本核算还存在不同项目核算差异大、滚动开发核算难度大等特点

5. 房地产的售价与其成本不配比

一般商品的售价总是围绕其成本上下波动，而房地产的成本载体是整个建设工程，而销售则是以楼层或户型为单位。这样就造成单个楼层或户型的售价明显与其成本不配比。如同一结构的房屋，低层建筑施工成本低于高层建筑施工成本，但销售时低层售价却高于高层售价；又如“丁字形”楼房虽然同楼层成本一样，但由于朝向不同，其售价相差也很大。通常房地产开发企业的成本结转方法是：按当期竣工后的核算对象的总成本除以总开发建筑面积，得出每平方米建筑面积成本，然后再乘以销售面积得出本期销售成本。这样均摊计算的结果没有考虑房屋楼层、朝向的因素，在一定期间的经营成果就可能不真实。

1.2.5　房企会计科目设置

为了对房地产企业的经营活动进行会计核算，必须要设置相应的会计科目。会计科目是对会计要素进行分类所形成的具体项目，是设置会计账户的依据。

房地产开发企业在保证会计科目设置统一性的前提下，可以根据具体情况和核算的要求对统一规定的会计科目作必要的增设或合并。表 1-1 所示的房地产开发企业会计科目，其中大部分都是各个行业通用的会计科目，使用这些会计科目能够保证在会计科目设置上的统一性，只有“开发成本”“开发间接费用”和“开发产品”等个别会计科目属于房地产开发企业专用的会计科目。

房地产开发企业的会计科目分资产类、负债类、所有者权益类、成本类、损益类等五大类。在资产类会计科目中，“开发产品”“周转房”是房地产开发企业特别设置的会计科目；在成本类会计科目中，“开发成本”“开发间接费用”是房地产开发企业特有的会计科目，是用于进行房地产企业成本核算的科目。其他则属于各个行业通用的会计科目。

在设置总分类会计科目的基础上，房地产开发企业还需要根据会计核算和提供信息指标的要求，设置明细分类科目。

如房地产开发企业在“应交税费”总分类科目下可设置“应交增值税”“应交城市维护建设税”“应交教育费附加”“应交土地增值税”“应交企业所得税”等二级明细分类科目，以对应交税费的不同税种分别进行核算和反映。

以下是房地产开发企业应该重点设置的科目。

一、开发成本

本科目核算房地产开发企业在土地、房屋、配套设施和代建工程的开发过程中所发生的各项费用。

企业在土地、房屋、配套设施和代建工程的开发过程中发生的各项费用，包括土地征用及拆迁补偿费、前期工程费、基础设施费、建筑安装工程费、配套设施费和开发间接费用等。企业发生的土地征用及拆迁补偿费、前期工程费、基础设施费和建筑安装工程费等，属于直接费用，直接计入本科目（有关成本核算对象的成本项目中）；应由开发产品成本负担的间接费用，应先在“开发间接费用”科目进行归集，月末，再按一定的分配标准分配计入有关的开发产品成本。

企业应根据本企业的经营特点，选择本企业的成本核算对象、成本项目和成本核算方法。本科目应按开发成本的种类，如“土地开发”“房屋开发”“配套设施开发”和“代建工程开发”等设置明细账，并在明细账下，按成本核算对象和成本项目进行明细核算。

按照开发项目进行二级科目的划分，按照成本的类别进行三级科目的核算。

一般情况下，该科目为借方余额，表示开发房屋商品所投入的各类成本的总和，在房屋商品转入开发产品之后，本科目清零。

“开发成本——××开发项目”（是指按规划工程许可证批准的开发项目）的明细科目的设置如下。

（1）开发成本——××开发项目——土地征用及拆迁费

下设明细：土地价款、拆迁补偿费、土地契税、交易费用、市政配套设施费等。

（2）开发成本——××开发项目——前期工程费

下设明细：可行性研究费、勘察测绘费、三通一平费、规划设计费、规划管理费、交通环境方案费等。

（3）开发成本——××开发项目——建安工程费

下设明细：地基工程费、建筑工程费、安装工程费（含甲供材）、公共装饰工程费（含甲供材）、精装修工程费（含甲供材）、工程监理费等。

（4）开发成本——××开发项目——基础设施费

下设明细：供电工程支出、供水工程支出、排污工程支出、开发小区内道路、照明工程支出、智能化工程支出、绿化园林环境支出等。

（5）开发成本——××开发项目——公共配套费

下设明细：非经营性共用费用、单独物业用房费用、工程监理费等。

（6）开发成本——××开发项目——开发间接费

下设明细：应分配开发间接费、专项借款费用等。

二、开发间接费用

开发间接费用是指房地产开发企业内部独立核算单位在开发现场组织管理开发产品而发生的各项费用。这些费用虽也属于直接为房地产开发而发生的费用，但不能确定其为某项开发产品所应负担的，因而无法将它直接计入各项开发产品成本。为了简化核算手续，将它先计入“开发间接费用”账户，然后按照适当分配标准，将它分配计入各项开发产品成本。

对于房地产开发企业来说，分清“开发间接费用”和“管理费用”是个难点，除了周转房摊销之外，其余费用的划分是以有无开发现场机构来确定的。如果开发企业不设立现场机构，由公司定期或不定期地派人到开发现场组织开发活动，所发生的费用，可直接并入企业的管理费用。

本科目主要包括以下明细科目。

（1）开发间接费用——工资薪金。

（2）开发间接费用——职工福利费。

（3）开发间接费用——办公费用。

（4）开发间接费用——折旧摊销费。

（5）开发间接费用——劳动保护费。

（6）开发间接费用——房租物业管理费。

（7）开发间接费用——工程管理费。

（8）开发间接费用——项目营销设施建造费。

（9）开发间接费用——一般借款费用（符合资本化部分）。

三、预收账款

“预收账款”是房地产开发企业经常用到的科目，一般核算按照《商品房预售合同》约定预收的款项，其明细科目的设置如下。

1. 预收账款——预收订金（指按照合同约定预收但未开具发票的房款）

（1）预收账款——预收订金——普通住宅，按商品房预售许可证附件的房号设置辅助核算项目。

（2）预收账款——预收订金——非普通住宅，按预售许可证附件的房号设置辅助核算项目。

（3）预收账款——预收订金——商铺，按预售许可证附件的房号设置辅助核算项目。

（4）预收账款——预收订金——车库，按预售许可证附件的房号设置辅助核算项目。

2. 预收账款——预收售房款（指按照合同约定预收且已开具发票的房款）

（1）预收账款——预收售房款——普通住宅，按预售许可证附件的房号设置辅助核算项目。

（2）预收账款——预收售房款——非普通住宅，按预售许可证附件的房号设置辅助核算项目。

（3）预收账款——预收售房款——商铺，按预售许可证附件的房号设置辅助核算项目。

（4）预收账款——预收售房款——车库，按预售许可证附件的房号设置辅助核算项目。

四、开发产品

开发产品是指房地产开发企业已经完成全部开发建设过程，并已验收合格，符合国家建设标准和设计要求，可以按照合同规定的条件移交订购单位，或者作为对外销售、出租的产品，包括土地（建设场地）、房屋、配套设施和代建工程。

为了正确核算开发产品的增加、减少、结存情况，房地产开发企业应设置资产类“开发产品”科目。本科目借方登记已竣工验收的开发产品的实际成本，贷方登记月末结转的已销售、转让、结算或出租的开发产品的实际成本。月末借方余额表示尚未销售、转让、结算或出租的各种开发产品的实际成本。本账户应按开发产品的种类，如土地、房屋、配套设施和代建工程等设置明细账户，并在明细账户下，按成本核算对象设置账页，“开发产品——×× 开发项目”（指按规划工程许可证批准的开发项目）的明细科目的设置如下。

（1）普通住宅，按预售许可证附件的房号设置辅助核算项目。

（2）非普通住宅，按预售许可证附件的房号设置辅助核算项目。

（3）商铺，按预售许可证附件的房号设置辅助核算项目。

（4）车库，按预售许可证附件的房号设置辅助核算项目。

五、主营业务收入

本科目核算房地产开发企业确认的销售开发产品的收入。该科目一般按照项目设置二级明细科目“主营业务收入——×× 开发项目”（指按规划工程许可证批准的开发项目），同时下设如下三级明细科目。

（1）普通住宅，按预售许可证附件的房号设置辅助核算项目。

（2）非普通住宅，按预售许可证附件的房号设置辅助核算项目。

（3）商铺，按预售许可证附件的房号设置辅助核算项目。

（4）车库，按预售许可证附件的房号设置辅助核算项目。

六、主营业务成本

该科目反映房地产开发企业确认的开发产品收入时应结转的相应的成本，该科目二级明细科目的设置是和“主营业务收入”科目对应的，即“主营业务成本——×× 开发项目”，相应三级明细科目如下。

（1）普通住宅。

（2）非普通住宅。

（3）商铺。

（4）车库。

1.3　纳税，房企必须履行的义务

1.3.1　房企各经营环节的主要税种

目前，我国房地产开发企业涉及的应纳税种较多，主要有增值税、城建税、教育费附加、房产税、城镇土地使用税、耕地占用税、印花税、土地增值税和企业所得税。

1.3.2　税率与征收范围

房地产开发企业开发经营各阶段应纳税种及税率如表 1-3 所示。

表 1-3　房地产开发经营各阶段的应纳税种及税率表

环节	涉及主要税费	
企业设立阶段	印花税	（1）权利、许可证照，包括房屋产权证、工商营业执照、土地使用证，按件贴花 5 元。 （2）营业账簿，记载资金的账簿，按实收资本和资本公积的合计金额 0.5‰贴花；其他账簿按件贴花 5 元。 （3）产权转移书据，包括土地使用权出让合同、土地使用权转让合同，按所记载金额的 0.5‰贴花
	契税	（1）接受以土地使用权等不动产出资，企业应按照土地使用权出让、土地使用权出售、房屋买卖成交价格的 3% 至 5% 适用税率交纳契税。 （2）以自有房产作股投入本人独资经营的企业，免交契税
获取土地阶段	印花税	（1）权利、许可证照，包括房屋产权证、工商营业执照、土地使用证，按件贴花 5 元。 （2）产权转移书据，包括土地使用权出让合同、土地使用权转让合同，按所记载金额的 0.5‰贴花
	契税	取得土地使用权时，企业应按照国有土地使用权出让、土地使用权出售、房屋买卖成交价格的 3% 至 5% 适用税率交纳契税
	耕地占用税	取得土地使用权符合耕地条件的土地时，企业应按照实际占用耕地面积和适用税额一次性缴纳耕地占用税，不符合耕地条件的不缴纳

续表

环节	涉及主要税费	
开发建设阶段	城镇土地使用税	从取得红线图次月起，按实际占用的土地面积和定额税率计算缴纳
	印花税	签订的各类合同，按规定税率（0.5‰~3‰）计算贴花
转让及销售阶段	增值税	销售自行开发的房地产项目时，企业应按销售额适用 11% 税率缴纳增值税
	城建税	按增值税税额 7%（或 5%、1%）缴纳。不动产所在地为市区的，税率为 7%；不动产所在地为县、镇的，税率为 5%；不动产所在地不在市区、县、镇的，税率为 1%
	教育费附加	按增值税税额 3% 缴纳
	土地增值税	（1）查账征收：在项目全部竣工结算前转让房地产取得的收入，可以预征土地增值税；待该项目全部竣工、办理结算后再进行清算，多退少补。 （2）核定征收
	印花税	房地产转让或销售合同，按商品房销售合同所记载金额 0.5‰缴纳
	企业所得税	（1）查账征收：销售未完工开发产品取得的收入，按预计计税毛利率分季（或月）计算出预计毛利额，计入当期应纳税所得额；开发产品完工后，及时结算其计税成本并计算此前销售收入的实际毛利额，同时将其实际毛利额与其对应的预计毛利额之间的差额，计入当年度企业本项目与其他项目合并计算的应纳税所得额，销售完工开发产品时，企业应按照应纳税所得额 25% 的税率缴纳企业所得税。 （2）核定征收
	增值税	按照不含税销售额适用 11% 税率计算缴纳增值税

续表

房产持有阶段	城建税	按增值税税额 7%（或 5%、1%）缴纳
	教育费附加	按增值税税额 3% 缴纳
	城镇土地使用税	按土地实际占用面积和定额税率计算缴纳
	房产税	自用房产，按房产计税余值 1.2% 缴纳；房产出租的，按租金收入 12% 缴纳

知识链接

“营改增”对房企有哪些影响

（1）新老项目划断，按照不同的方式处理

节点为 2016 年 4 月 30 日（含），施工许可证注明开工时间在 4 月 30 日之前的，按老项目对待，5 月 1 日的视为新项目。

老项目，在 5 月 1 日以后，按 5% 征收率简易征收增值税。也就是不采用增值税销项减进项的一般计税方法。这对于房地产开发企业来说，税负和以前是一样的。

新项目，一般纳税人按销项减进项的方法计税。

（2）土地出让金可从销售额中减除

土地成本是一、二线城市房地产项目的最大单项成本。这一政策基本确保了一、二线城市房地产行业整体性不加税。

（3）房地产新项目按 3% 预征

营业税下，房企是在预售时按 5% 全额缴纳的，新政下，按 3% 预征，减轻了地产企业的资金压力。

（4）二手房销售基本不变

二手地产销售依据差价按 5% 简易征收，和营业税下是一样的。

（5）一般纳税人新项目不动产租赁税率 11%

其他个人出租其取得的不动产（不含住房），应按照 5% 的征收率征收。

第2章

先建一个项目公司
——企业设立的会计处理

开发房地产项目之前的一个重要工作就是先设立一个项目公司。为什么要设立项目公司呢？主要的原因有以下的三点：第一，便于融资，非常便于以股权的方式获得合作伙伴的投资；第二，便于土地使用权的转让。在项目公司取得土地使用权的时候，如果直接转让土地使用权，会有高额的纳税成本，而通过转让全部或者部分项目公司的股权，则会简单易行很多；第三，满足工商税务等国家机关管理的需要。

2.1 房地产设立阶段业务概述

2.1.1 《中华人民共和国公司法》对企业设立条件的规定

房地产开发企业的主要形式为有限责任公司和股份有限公司。根据《中华人民共和国公司法》（以下简称《公司法》）规定，这两种公司形式具体的设立条件略有不同。

（1）设立有限责任公司，应当具备下列条件。

①股东符合法定人数。

②股东出资达到法定资本最低限额。

③股东共同制定公司章程。

④有公司名称，建立符合有限责任公司要求的组织机构。

⑤有公司住所。

（2）设立股份有限公司，应当具备下列条件。

①发起人符合法定人数。

②发起人认购和募集的股本达到法定资本最低限额。

③股份发行、筹办事项符合法律规定。

④发起人制定公司章程，采用募集方式设立的经创立大会通过。

⑤有公司名称，建立符合股份有限公司要求的组织机构。

⑥有公司住所。

2.1.2 《城市房地产开发经营管理条例》对企业设立条件的规定

根据《城市房地产开发经营管理条例》规定，设立房地产开发企业，除应当符合有关法律、行政法规规定的企业设立条件外，还应当具备下列条件。

（1）有 100 万元以上的注册资本。

（2）有 4 名以上持有资格证书的房地产专业、建筑工程专业的专职技术人员，2 名以上持有资格证书的专职会计人员。

《城市房地产开发经营管理条例》还规定，省、自治区、直辖市人民政府可以根据各地的实际情况，对设立房地产开发企业的注册资本和专业技术人员的条件作出高于前款的规定。

《公司法》《中华人民共和国城市房地产管理法》和《城市房地产开发经营管理条例》等规定，设立房地产开发企业，应当向工商行政管理部门申请设立登记。工商行政管理部门对符合相关法律法规规定条件的，应当予以登记，发给营业执照；对不符合相关法律法规规定条件的，不予登记。房地产开发企业在领取营业执照后的一个月内，应当到登记机关所在地的县级以上地方人民政府房地产开发主管部门备案。

2.1.3 房地产开发企业开发经营资质

根据《城市房地产开发经营管理条例》的规定，房地产开发主管部门应当根据房地产开发商的资产、专业技术人员和业内成就等，核定其资质等级申请。房地产开发企业应当按照核定的资质从事房地产开发项目。

1. 房地产开发企业的资质等级

根据2000年3月29日建设部颁布的《房地产开发企业资质管理规定》，房地产开发商应当按照资质管理规定申请核定企业资质登记，未取得房地产开发资质等级证书的企业，不得开发及销售房地产。

房地产开发企业的资质分为一等、二等、三等、四等四个等级，资质等级实行分级审批。经资质审查合格的房地产开发企业，由资质核定部门颁发相应等级的资质证书，具体如图 2-1 所示。

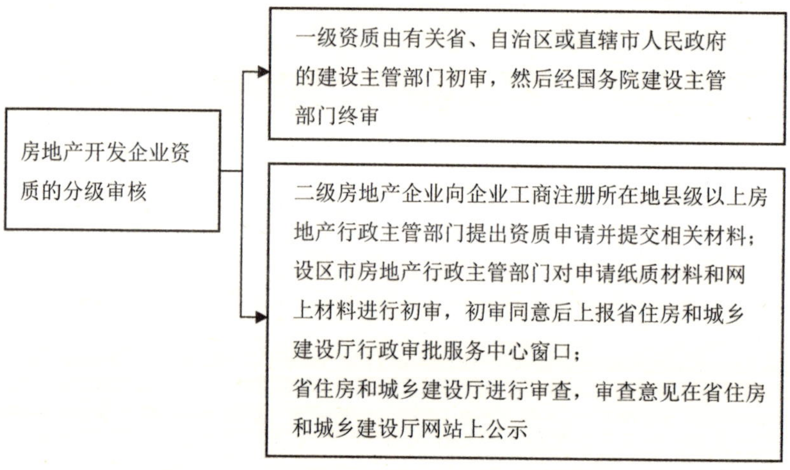

图 2-1　房地产开发企业资质的分级审核

新设立的房地产开发企业向房地产开发主管部门备案后，房地产开发主管部门须于 30 日内向符合资格的房地产开发商发出暂定资质证书，自发证当日起有效期 1 年，房地产开发主管部门可视企业实际经营情况将有效期延长不超过 2 年。房地产开发企业应在暂定资质证书有效期届满前 1 个月内向房地产开发主管部门申请核定资质等级。

2. 不同资质等级的经营范围

根据《房地产开发企业资质管理规定》，各资质等级的房地产开发企业仅可在核准的经营范围内从事房地产开发及销售业务，不得从事核准范围以外的业务，如表 2-1 所示。

表 2-1　不同资质等级的经营范围

一级资质房地产开发企业	一级资质的房地产开发商不受房地产项目范围限制，可在全国范围承办房地产开发项目
二级或以下资质开发企业	二级及以下资质的房地产开发商可承担建筑面积 25 万平方米以下的项目，承担业务的具体范围由有关省、自治区或市级人民政府的建设主管部门核准

3. 房地产开发商的资质年检

根据《房地产开发企业资质管理规定》，房地产开发企业的资质实行年检制度，具体规定如表 2-2 所示。

表 2-2　房地产开发商的资质年检

一级资质房地产开发企业	一级资质房地产开发企业的资质年检由国务院建设行政主管部门或其授权机构负责
二级或以下资质开发企业	二级或以下资质开发企业的资质年检由有关省、自治区或市级人民政府的建设行政主管部门负责

2.2　企业设立阶段会计处理

房地产开发企业设立阶段涉及的会计业务主要包括对接受投资者出资业务和开办费以及纳税业务的会计处理。

2.2.1　实收资本的会计核算

取得实收资本的会计核算和账务处理规定如表 2-3 所示。

表 2-3 取得实收资本的会计核算

实收资本的会计核算	账务处理
股份有限公司应通过“股本”科目核算，除股份有限公司以外，其他各类企业应通过“实收资本”科目核算。企业收到所有者投入企业的资本后，应根据有关原始凭证（如投资清单、银行通知单等），对应不同的出资方式进行相关的会计处理	企业接受投资者投入的资本时，应借记“银行存款”“其他应收款”“固定资产”“无形资产”“长期股权投资”等；按其在注册资本或股本中所占份额，贷记“实收资本”（股份公司记“股本科目”）；按借贷方差额，贷记“资本公积——资本溢价或股本溢价”

所有者（包括原企业所有者和新投资者）接受投资者投入的资本，借记“银行存款”“固定资产”“无形资产”“长期股权投资”等科目，贷记“实收资本”或“股本”等科目。企业增加注册资本时，若有新投资者介入，且新介入的投资者缴纳的出资额大于其按约定比例计算的其在注册资本中所占的份额部分，则应作为资本公积，记入“资本公积——资本溢价”科目。

1. 投资者以货币出资

房地产开发企业增加注册资本的，应在投资者将货币存入准备设立的公司在银行开设的临时账户时，依据银行加盖受理章的现金缴款单，或者银行进账单回单的金额，借记“银行存款”科目；按投入资本在注册资本或股本中所占份额，贷记“实收资本”或“股本”科目；按借贷方差额，贷记“资本公积——资本溢价”或“资本公积——股本溢价”等科目。

【例 2-1】投资者以货币出资设立公司的会计核算（无资本公积）

北方房地产公司由甲、乙共同投资设立，原注册资本为 10 000 000 元。甲、乙出资分别为 5 100 000 元、4 900 000 元。2×17 年 3 月 20 日，丙公司加入北方房地产公司，投入货币资金 3 000 000 元。经协商，丙公司持股比例为 20%，投资后的注册资本为 12 500 000 元。

根据上述资料，丙公司投入资本时，北方房地产公司应作以下账务处理。

借：银行存款　　　　3 000 000

　　贷：实收资本——丙公司　　　　2 500 000

资本公积——资本溢价　　500 000

【例 2-2】投资者以货币出资设立公司的会计核算（有资本公积）

甲、乙、丙共同投资设立北方房地产公司，注册资本为 2 000 000 元，甲、乙和丙持股比例分别为 60%、25% 和 15%。按照章程规定，甲、乙和丙投入资本分别为 120 000 元、500 000 元和 300 000 元。北方房地产公司已如期收到各投资者一次缴足的款项。北方房地产公司在进行会计处理时，应编制如下会计分录。

借：银行存款　　2 000 000

　贷：实收资本——甲　　1 200 000

　　　　　　——乙　　500 000

　　　　　　——丙　　300 000

2. 投资者以非货币财产出资

以非货币财产增资时，股东或者发起人应当在依法办理财产转移手续后，依据财产移交清册，借记“固定资产”“无形资产”“长期股权投资”等科目，贷记“实收资本”或“股本”等科目。

【例 2-3】以固定资产出资设立公司的会计核算

北方房地产公司于设立时收到 A 公司作为资本投入的不需要安装的机器设备一台，合同约定该机器设备的价值为 2 000 000 元，增值税进项税额为 340 000 元（假设不允许抵扣）。合同约定的固定资产价值与公允价值相符，不考虑其他因素，则北方房地产公司进行会计处理时，应编制如下会计分录。

借：固定资产　　2 340 000

　贷：实收资本——A 公司　　2 340 000

本例中，该项固定资产合同约定的价值与公允价值相符，并且北方房地产公司接受的固定资产投资产生的相关增值税进项税额不允许抵扣，因此，固定资产应按合同约定价值与增值税进项税额的合计金额 2 340 000 元入账。北方房地产公司接受 A 公司投入的固定资产按合同约定全额作为实收资本，因此，可按 234 000 元的金额贷记“实收资本”科目。

【例 2-4】以原材料出资设立公司的会计核算

北方房地产公司收到 A 公司按合资协议投入的原材料一批，双方所确认的价值为 234 000 元，其中增值税为 34 000 元。编制如下会计分录。

借：原材料　　200 000

　　应交税费——应交增值税（进项税额）　　34 000

　　贷：实收资本　　234 000

【例 2-5】以无形资产出资设立公司的会计核算

北方房地产公司接受 C 公司以一项专利权作为投资。该项专利权经双方商定确认其价值为 100 000 元。北方房地产公司在取得该项专利的使用权时，应编制如下会计分录。

借：无形资产——专利权　　100 000

　　贷：实收资本　　100 000

3. 以债权出资

以债务转为资本方式进行债务重组的，应分以下情况处理：债务人为股份有限公司时，债务人应将债权人因放弃债权而享有股份的面值总额确认为股本；股份的公允价值总额与股本之间的差额确认为资本公积。重组债务的账面价值与股份的公允价值总额之间的差额确认为债务重组利得，计入当期损益。债务人为其他企业时，债务人应将债权人因放弃债权而享有的股权份额确认为实收资本；股权的公允价值与实收资本之间的差额确认为资本公积。重组债务的账面价值与股权的公允价值之间的差额作为债务重组利得，计入当期损益。

【例 2-6】以债权出资（债转股）设立公司的会计核算

2×17 年 7 月 1 日，北方房地产公司应付 A 公司账款的账面余额为 60 000 元，由于北方房地产公司发生财务困难，无法偿付应付账款。经双方协商同意，采取将北方房地产公司所欠债务转为本公司股本的方式进行债务重组。假定北方房地产公司普通股的面值为 1 元，以 20 000 股抵偿该项债务，股票每股市价为 2.5 元，股票登记手续已办理完毕，A 公司对其作为长期股权投资处理。

股票的公允价值减去股票的面值总额，应计入资本公积 30 000（50 000-20 000）元，债务账面价值减去股票的公允价值应确认的债务重组利得 10 000（60 000-50 000）元，因此，北方房地产公司应作会计分录如下。

借：应付账款　　60 000
　　贷：股本　　20 000
　　　　资本公积——股本溢价　　30 000
　　　　营业外收入——债务重组利得　　10 000

4. 将资本公积转为实收资本或者股本

将资本公积转为实收资本或者股本的情况下，企业在办理增资手续后，应依据股东大会决议，借记“资本公积——资本溢价”或“资本公积——股本溢价”科目，贷记“实收资本”或“股本”科目。

【例 2–7】将资本公积转为实收资本或者股本的会计核算

北方房地产公司由甲、乙、丙共同投资设立，原注册资本为 1 000 万元，甲、乙、丙出资分别为 500 万元、300 万元、200 万元。为了扩大经营规模，经批准，北方房地产公司按照原出资比例将资本公积 500 万元转增资本。

根据上述资料，依据股东会决议，北方房地产公司应作以下账务处理。

借：资本公积　　5 000 000
　　贷：实收资本——甲　　2 500 000
　　　　　　　　——乙　　1 500 000
　　　　　　　　——丙　　1 000 000

5. 将盈余公积转为实收资本

将盈余公积转为实收资本的情况下，企业在办理增资手续后，应依据股东大会决议，借记“盈余公积”科目，贷记“实收资本”或“股本”科目。

【例 2–8】将盈余公积转为实收资本的会计核算

北方房地产公司由甲、乙、丙共同投资设立，甲、乙、丙持股比例分别为 50%、30% 和 20%。2×17 年 3 月 20 日，经股东会决议批准，将盈余公积 500 万元转增资本。

根据上述资料，北方房地产公司应作以下账务处理。

借：盈余公积　　5 000 000
　　贷：实收资本——甲　　2 500 000
　　　　　　　　——乙　　1 500 000
　　　　　　　　——丙　　1 000 000

6. 实收资本（或股本）的增减变动

一般情况下，企业的实收资本应相对固定不变，但在某些特定情况下，实收资本也可能发生增减变化。实收资本（或股本）的增减变动如表 2-4 所示。

表 2-4 实收资本（或股本）的增减变动

《中华人民共和国企业法人登记管理条例》的规定	实收资本（或股本）的增加	实收资本（或股本）的减少
除国家另有规定外，企业的注册资金应当与实收资本相一致。当实收资本比原注册资金增加或减少的幅度超过 20% 时，企业应持资金信用证明或者验资证明，向原登记主管机关申请变更登记。如企业擅自改变注册资本或抽逃资金，则将受到工商行政管理部门的处罚	三个途径：接受投资者追加投资、资本公积转增资本和盈余公积转增资本 由于资本公积和盈余公积均属于所有者权益，所以用其转增资本时，如果是独资企业比较简单，则直接结转即可；如果是股份公司或有限公司，则应该按照原投资者出资比例相应增加各投资者的出资额	企业减少实收资本应按法定程序报经批准，股份有限公司采用收购本公司股票方式减资的，按股票面值和注销股数计算的股票面值总额冲减股本，所注销库存股的账面余额与所冲减股本的差额冲减股本溢价，股本溢价不足冲减的，再冲减盈余公积直至未分配利润。如果购回股票支付的价款低于面值总额，则企业应将所注销库存股的账面余额与所冲减股本的差额作为增加股本溢价处理

【例 2-9】增加出资的会计核算

甲、乙、丙三人共同投资设立北方房地产公司，甲、乙、丙原来的持股比例分别是 12.5%、50%、37.5%。为扩大经营规模，经股东会表决通过，甲、乙、丙三位股东按照原出资比例分别追加投资 125 000 元、500 000 元和 375 000 元。A 公司如期收到甲、乙、丙追加的现金投资后，进行了以下的账务处理。

借：银行存款	1 000 000	
贷：实收资本——甲		125 000
——乙		500 000
——丙		375 000

【例 2-10】减少出资的会计核算

北方房地产公司 2×17 年 8 月 1 日发行的总股本为 1 亿股，面值为 1 元，资本

公积（股本溢价）3 000万元，盈余公积4 000万元。经股东大会批准，北方房地产公司以现金在证券市场上回购本公司股票并计划予以注销。

1．当回购成本低于股票总面额且增加资本公积时的账务处理

假定A公司按每股0.9元回购2 000万股股票，其他条件不变，A公司的会计处理如下。

（1）回购本公司股票时

库存股成本=20 000 000×0.9=18 000 000（元）

借：库存股 18 000 000

贷：银行存款 18 000 000

（2）注销本公司股票时

由于折价回购，回购股票总面额与库存股成本的差额200万元应作为增加资本公积处理。

应增加的资本公积=20 000 000×1－20 000 000×0.9=2 000 000（元）

借：股本 20 000 000

贷：库存股 18 000 000

资本公积——股本溢价 2 000 000

2．当回购成本高于股票总面额且只冲减资本公积时的账务处理

假定A公司按每股2.1元回购股票2 000万股，不考虑其他因素，A公司的会计处理如下。

（1）回购本公司股票时

回购库存股的成本=20 000 000×2.1=42 000 000（元）

借：库存股 42 000 000

贷：银行存款 42 000 000

（2）注销本公司股票时

应冲减的资本公积=20 000 000×2.1－20 000 000×1=22 000 000（元）

借：股本 20 000 000

资本公积——股本溢价 22 000 000

贷：库存股 42 000 000

3．当回购成本高于股票总面额且需要冲减资本公积和盈余公积时的账务处理

假定A公司按每股3元回购股票，其他条件不变，由于应冲减的资本公积大于

公司现有的资本公积，所以只能冲减资本公积 3 000 万元，剩余的 1 000 万元应冲减盈余公积。

A公司的会计处理如下。

（1）回购本公司股票时

借：库存股　　60 000 000

　　贷：银行存款　　60 000 000

库存股成本 =20 000 000×3=60 000 000（元）

（2）注销本公司股票时

应冲减的资本公积 =20 000 000×3 - 20 000 000×1=40 000 000（元）

因为差额大于资本公积的全额，在冲减了全部的资本公积之后，还要冲减盈余公积。

借：股本　　20 000 000

　　资本公积——股本溢价　　30 000 000

　　盈余公积　　10 000 000

　　贷：库存股　　60 000 000

2.2.2 资本公积的核算

资本公积的概念和组成如表 2-5 所示。

表 2-5　资本公积的概念与组成

资本公积的定义	资本溢价（或股本溢价）的定义	直接计入所有者权益的利得和损失的定义	资本公积核算内容
企业收到投资者的超出其在企业注册资本（或股本）中所占份额的投资，以及直接计入所有者权益的利得和损失等。资本公积包括资本溢价（或股本溢价）和直接计入所有者权益的利得和损失等	企业收到投资者的超出其在企业注册资本（或股本）中所占份额的投资。形成资本溢价（或股本溢价）的原因有溢价发行股票、投资者超额缴入资本等	不应计入当期损益、会导致所有者权益发生增减变动的、与所有者投入资本或者向所有者分配利润无关的利得或者损失	包括资本溢价（或股本溢价）的核算、其他资本公积的核算和资本公积转增资本的核算等内容

（一）资本溢价

除股份有限公司外的其他类型的企业，在企业创立时，投资者认缴的出资额与注册资本一致，一般不会产生资本溢价。但在企业重组或有新的投资者加入时，常常会出现资本溢价。因为在企业进行正常生产经营后，其资本利润率通常要高于企业初创阶段。另外，企业有内部积累，新投资者加入企业后，对这些积累也要分享，所以新加入的投资者往往要付出大于原投资者的出资额，才能取得与原投资者相同的出资比例。投资者多缴的部分就形成了资本溢价。

【例 2-11】由于资本溢价产生资本公积的会计核算

北方房地产公司是由甲、乙两位股东在 2×17 年设立，成立时各出资 300 000 元。2007 年 5 月有丙投资者以实际出资 400 000 元、占有该公司 1/3 的股份为条件加入该公司。该公司变更登记后的注册资本为 900 000 元，甲、乙、丙三位股东各占 1/3 的股份。该公司收到丙股东的出资时，编制如下会计分录。

借：银行存款	400 000	
贷：实收资本		300 000
资本公积——资本溢价		100 000

本例中，北方房地产公司收到第三位投资者的现金投资 40 万元中，30 万元属于第三位投资者在注册资本中所享有的份额，应记入“实收资本”科目，10 万元属于资本溢价，应记入“资本公积——资本溢价”科目。

（二）股本溢价

股份有限公司是以发行股票的方式筹集股本的，股票可按面值发行，也可按溢价发行，我国目前不准折价发行。与其他类型的企业不同，股份有限公司在成立时可能会溢价发行股票，因而在成立之初，就可能会产生股本溢价。股本溢价的数额等于股份有限公司发行股票时实际收到的款额超过股票面值总额的部分。

在按面值发行股票的情况下，企业发行股票取得的收入，应全部作为股本处理；在溢价发行股票的情况下，企业发行股票取得的收入，等于股票面值部分作为股本处理，超出股票面值的溢价收入应作为股本溢价处理。

发行股票相关的手续费、佣金等交易费用，如果是溢价发行股票的，则应从溢价中抵扣，冲减资本公积（股本溢价）；无溢价发行股票或溢价金额不足以抵扣的，则应将不足抵扣的部分冲减盈余公积和未分配利润。

【例 2-12】由于股本溢价产生资本公积的会计核算

北方房地产公司首次公开发行了普遍股 50 000 000 股，每股面值 1 元，每股发行价格为 4 元。B 公司以银行存款支付发行手续费、咨询费等费用共计 6 000 000 元。假定发行收入已全部收到，发行费用已全部支付，不考虑其他因素，则 B 公司的会计处理如下。

（1）收到发行收入时

借：银行存款　　200 000 000

　　贷：股本　　50 000 000

　　　　资本公积——股本溢价　　150 000 000

应增加的资本公积 =50 000 000×（4-1）=150 000 000（元）

本例中，北方房地产公司溢价发行普通股，发行收入中等于股票面值的部分 50 000 000 元应记入“股本”科目，发行收入超出股票面值的部分 150 000 000 元记入“资本公积——股本溢价”科目。

（2）支付发行费用时

借：资本公积——股本溢价　　6 000 000

　　贷：银行存款　　6 000 000

本例中，北方房地产公司的股本溢价 150 000 000 元高于发行中发生的交易费用 6 000 000 元，因此，交易费用可从股本溢价中扣除，作为冲减资本公和处理。

2.2.3 开办费的核算

房地产开发企业在筹建期间内发生的开办费，包括人员工资、办公费、培训费、差旅费、印刷费、注册登记费以及不计入固定资产成本的借款费用等。筹建期间为从企业开始筹建之日起至取得营业执照之日的期间。开办费在实际发生时，依据相关原始凭证，借记“管理费用——开办费”，贷记“银行存款”等科目。

【例 2-13】开办费的会计核算

2×17 年 1 月 5 日，北方房地产公司支付行业咨询费用 8 000 元，增值税销项税额 480 元。在费用实际发生时，北方房地产公司依据银行转账凭证和增值税专用发票作如下账务处理。

借：管理费用——开办费　　8 000

　　应交税费——应交增值税（进行税额）　　480

　　贷：银行存款　　8 480

第3章

储地就得拼
——企业获取土地时的会计核算

获取土地使用权是房地产项目开发的首要条件。土地成本一般占商品房成本的30%以上，能否及时获取相应的土地资源以及土地价格的变化都对房地产项目的开发有很大的影响。

3.1 我国的土地制度概述

3.1.1 获取土地的主要方式

根据《中华人民共和国城市房地产管理法》《城市房地产开发经营管理条例》的规定，用于房地产开发的土地来源主要包括出让方式、划拨方式、转让方式、股东投资入股方式以及其他方式。获取土地的主要方式如表3-1所示。

表 3-1　获取土地的主要方式相关内容

获取土地的主要方式	含义
以出让方式取得土地使用权	土地使用权出让是指国家以土地所有者的身份将土地使用权在一定年限内让与土地使用者，并由土地使用者向国家支付土地使用权出让金的行为。 城市规划区内的集体所有的土地，经依法征用转为国有土地后，该幅国有土地的使用权方可有偿出让。 （1）招标出让国有土地使用权，是指市、县人民政府土地行政主管部门（以下简称出让人）发布招标公告，邀请特定或者不特定的公民、法人和其他组织参加国有土地使用权投标，根据投标结果确定土地使用者的行为。 （2）拍卖出让国有土地使用权，是指出让人发布拍卖公告，由竞买人在指定时间、地点进行公开竞价，根据出价结果确定土地使用者的行为。 （3）挂牌出让国有土地使用权，是指出让人发布挂牌公告，按公告规定的期限将拟出让宗地的交易条件在指定的土地交易场所挂牌公布，接受竞买人的报价申请并更新挂牌价格，根据挂牌期限截止时的出价结果确定土地使用者的行为
以划拨方式取得土地使用权	土地使用权划拨是指县级以上人民政府依法批准，在土地使用者缴纳补偿、安置等费用后将该幅土地交付其使用，或者将土地使用权无偿交付给土地使用者使用的行为。以划拨方式取得土地使用权的，除法律、行政法规另有规定外，没有使用期限的限制。 下列建设用地的土地使用权，确属必需的，可以由县级以上人民政府依法批准划拨。 （1）国家机关用地和军事用地。 （2）城市基础设施用地和公益事业用地。 （3）国家重点扶持的能源、交通、水利等项目用地。 （4）法律、行政法规规定的其他用地。 如果要在划拨土地上进行房地产开发，也要补交土地出让金，将划拨土地转为出让土地，也就是常说的“土地变性”。 划拨土地使用权，一般不得转让、出租、抵押

续表

获取土地的主要方式	含义
以转让方式取得土地使用权	土地使用权转让是指土地使用者将土地使用权再转移的行为，包括出售、交换和赠与。 土地使用者通过转让方式取得的土地使用权，其使用年限为土地使用权出让合同规定的使用年限减去原土地使用者已使用年限后的剩余年限。土地使用权转让时，其地上建筑物、其他附着物所有权随之转让。 根据《城市房地产管理法》规定，以出让方式取得土地使用权的，转让土地使用权应符合以下的条件，否则不允许转让：按照出让合同约定已经支付全部土地使用权出让金，并取得土地使用权证书；按照出让合同约定进行投资开发，属于房屋建设工程的，完成开发投资总额的 25% 以上，属于成片开发土地的，形成工业用地或者其他建设用地条件。 未按土地使用权出让合同规定的期限和条件投资开发、利用土地的，土地使用权不得转让。 土地使用权转让价格明显低于市场价格的，市、县人民政府有优先购买权。土地使用权转让的市场价格不合理上涨时，市、县人民政府可以采取必要的措施。土地使用权转让后，需要改变土地使用权出让合同规定的土地用途的，应当征得出让方同意并经土地管理部门和城市规划部门批准，依照《城市房地产管理法》的有关规定重新签订土地使用权出让合同，调整土地使用权出让金，并办理登记
投资者投入土地使用权	在房地产开发公司成立时，投资人以土地使用权作为出资，投入房地产开发企业，按照投资比例或约定比例进行利润分成
其他方式获取土地使用权	房地产开发企业可以通过收购、兼并等方式取得被收购方、被兼并方的企业，进而取得其土地使用权

知识链接

出让土地、转让土地、划拨土地有什么不同？

划拨和出让是获得国有土地使用权的两种方式，而转让土地指土地使用者将土地使用权再转移的行为，包括出售、交换和赠与。

划拨土地是原来实行土地有偿使用制度以前的供地方式，有偿使用以后的基础设施、公共建筑也是划拨土地。这种方式的土地没有使用年限，但不能抵押、转让、出租，在转让的时候需要报政府同意后补缴土地出让金。

出让土地是实行土地有偿使用制度以后出现的供地方式。该方式下，用地人缴纳土地出让金，获得一定年限的国有土地使用权。这种方式的土地有使用年限，但可以自由的转让、抵押、出租。转让的时候随时可以办理，不需要政府同意。

以出让方式获得的土地使用权，则可以在土地市场上进行流通转让，其相应的权利义务与首次受让时获得土地使用权一致。

3.1.2　我国有关土地的主要制度

（一）土地所有权与使用权制度

根据《中华人民共和国土地管理法》的规定，我国实行土地的社会主义公有制，即全民所有制和劳动群众集体所有制。城市市区的土地属于国家所有；农村和城市郊区的土地，除由法律规定属于国家所有的以外，属于农民集体所有；宅基地和自留地、自留山，属于农民集体所有。

国有土地和农民集体所有的土地，可以依法确定给单位或者个人使用。使用土地的单位和个人，有保护、管理和合理利用土地的义务。单位和个人依法使用的国有土地，由县级以上人民政府登记造册，核发证书，确认使用权；其中，中央国家机关使用的国有土地的具体登记发证机关，由国务院确定。依法改变土地权属和用途的，应当办理土地变更登记手续。

（二）闲置土地处置制度

为依法处理和充分利用闲置土地，切实保护耕地，1999 年 4 月 28 日国土资源部颁布了《闲置土地处置办法》，如表 3-2 所示。

表 3-2 闲置土地的认定

<table>
<tr><td rowspan="4">《闲置土地处置办法》所称闲置土地，是指土地使用者依法取得土地使用权后，未经原批准用地的人民政府同意，超过规定的期限未动工开发建设的建设用地</td><td>具有下列情形之一的，也可以认定为闲置土地</td></tr>
<tr><td>（1）国有土地有偿使用合同或者建设用地批准书未规定动工开发建设日期，自国有土地有偿使用合同生效或者土地行政主管部门建设用地批准书颁发之日起满 1 年未动工开发建设的</td></tr>
<tr><td>（2）已动工开发建设但开发建设的面积占应动工开发建设总面积不足三分之一或者已投资额占总投资额不足 25% 且未经批准中止开发建设连续满 1 年的</td></tr>
<tr><td>（3）法律及行政法规规定的其他情形</td></tr>
</table>

市、县人民政府土地行政主管部门对其认定的闲置土地，应当通知土地使用者，拟订该宗闲置土地处置方案，闲置土地依法设立抵押权的，还应通知抵押权人参与处置方案的拟订工作。目前，有如下几种处置方案可供选择。

（1）延长开发建设时间，但最长不得超过 1 年。

（2）改变土地用途，办理有关手续后继续开发建设。

（3）安排临时使用，待原项目开发建设条件具备后，重新批准开发，土地增值的，由政府收取增值地价。

（4）政府为土地使用者置换其他等价闲置土地或者现有建设用地进行开发建设。

（5）政府采取招标、拍卖等方式确定新的土地使用者，对原建设项目继续开发建设，并对原土地使用者给予补偿。

（6）土地使用者与政府签订土地使用权交还协议等文书，将土地使用权交还给政府。原土地使用者需要使用土地时，政府应当依照土地使用权交还协议等文书的约定供应与其交还土地等价的土地。对因政府、政府有关部门行为造成的闲置土地，土地使用者支付部分土地有偿使用费或者征地费的，除选择上述规定的方式以外，可以按照实际交款额占应交款额的比例折算，确定相应土地给原土地使用者使用，其余部分由政府收回。

处置方案经原批准用地的人民政府批准后，由市或县人民政府土地行政主管部门组织实施。

在城市规划区范围内，以出让等有偿使用方式取得土地使用权进行房地产开发的闲置土地，超过出让合同约定的动工开发日期满1年未动工开发的，可以征收相当于土地使用权出让金20%以下的土地闲置费；满两年未动工开发的，可以无偿收回土地使用权；但是，因不可抗力或者政府、政府有关部门的行为或者动工开发必需的前期工作造成动工开发迟延的除外。

已经办理审批手续的非农业建设占用耕地，1年内不用而又可以耕种并收获的，应当由原耕种该幅耕地的集体或者个人恢复耕种，也可以由用地单位组织耕种；1年以上未动工建设的，应当按照省、自治区、直辖市的规定缴纳闲置费；连续两年未使用的，经原批准机关批准，由县级以上人民政府无偿收回土地使用者的土地使用权；该幅土地原为农民集体所有的，应当交由原农村集体经济组织恢复耕种。

（三）终止土地使用权

终止土地使用权的情形如表3-3所示。

表3-3　终止土地使用权的情形

根据《中华人民共和国土地管理法》规定，有右侧所列情形之一的，由有关人民政府土地行政主管部门报经原批准用地的人民政府或者有批准权的人民政府批准，可以收回国有土地使用权。	（1）为公共利益需要使用土地的
	（2）为实施城市规划进行旧城区改建，需要调整使用土地的
	（3）土地出让等有偿使用合同约定的使用期限届满，土地使用者未申请续期或者申请续期未获批准的
	（4）因单位撤销、迁移等原因，停止使用原划拨的国有土地的
	（5）公路、铁路、机场、矿场等经核准报废的

依照上述第1项、第2项的规定收回国有土地使用权的，对土地使用权人应当给予适当补偿。

出让的土地由于其用途不同，土地的使用期限也不相同，主要分为居住用地70年、工业用地50年、商业用地40年等。土地使用权出让最高年限由国务院规定。根据相关法律法规，当用作住宅用途的建筑土地使用权的年期届满，应自动更新；有关其他用途的建筑土地使用权到期，土地使用者应于使用期届满前最少一年申请延期，除非土地因公众利益考虑而需收回外，申请应被批准。当延期获得批准，必须重新签署土地出让合同及支付按重新签署土地出让合同所示的土地出让金。如果土地使用权年期届满而土地使用者并无申请延期或延期不获批准，土地使用权应免费归还国家。而土地使用权应于土地停止使用时中止。当建筑土地使用权已终止，授予者应实时进行取消注册的正式手续，而建筑土地使用权证应由土地注册处取回。

3.2 获取土地的税务与会计问题

3.2.1 获取土地阶段纳税处理

企业在取得土地使用权阶段，涉及的主要纳税税种为契税、印花税。如果企业获取的土地为耕地的还涉及耕地占用税，是在取得土地使用权后，将会涉及土地使用税。另外，如果企业是以接受投资取得的土地使用权，将涉及企业所得税的计税成本和土地增值税的扣除项目确定问题。

（一）契税

房地产开发企业取得土地使用权，根据《中华人民共和国契税暂行条例》及其相关规定，需要依据国有土地使用权出让、土地使用权出售成交价格按照3%至5%适用税率交纳契税。以自有房产作股投入本人独资经营的企业，免交契税。相关规定如表3-4所示。

表 3-4　契税的相关规定

契税税率	考虑到我国经济发展不平衡，各地经济差别较大的实际情况，契税实行 3%~5% 幅度的税率。契税的适用税率，由省、自治区、直辖市人民政府在 3%~5% 的幅度内按照本地区的实际情况确定，并报财政部和国家税务总局备案
契税应纳税额的计算	应纳税额 = 计税依据 × 税率
契税的征收管理	签订土地权属转移合同的当天，或者取得其他具有土地权属转移合同性质凭证的当天为纳税义务发生时间，自纳税义务发生之日起 10 日内，向土地所在地的契税征收机关办理纳税申报，并在契税征收机关核定的期限内缴纳税款
以国家作价出资（入股）方式转移国有土地使用权	根据《中华人民共和国契税暂行条例》第二条第一款规定，国有土地使用权出让属于契税的征收范围
改变土地使用权出让合同约定的土地用途涉及的契税问题	根据《国家税务总局关于改变国有土地使用权出让方式征收契税的批复》（国税函〔2008〕662 号）的规定，对纳税人因改变土地用途而签订土地使用权出让合同变更协议或者重新签订土地使用权出让合同的，应征收契税。计税依据为因改变土地用途应补缴的土地收益金及应补缴政府的其他费用

【例 3-1】购入土地使用权时契税的计算

2×17 年 6 月 20 日，甲公司以账面价值为 1 000 万元、评估确认价值为 1 200 万元的土地使用权对北方房地产公司进行投资入股，当地人民政府规定契税税率为 4%。

北方房地产公司应于 2×17 年 6 月 30 日前向土地所在地的契税征收机关办理纳税申报，并在核定的期限内缴纳税款。契税的计税依据为甲公司投资入股评估确认价值 1 200 万元，北方房地产公司在接受投资时应缴纳契税为 1200×4%=48（万元）。

【例 3-2】获得土地使用权时契税的计算

北方房地产公司 20×7 年 12 月摘牌取得某市 200 亩综合用地的土地使用权，每亩地价 30 万元。该公司按照规定缴纳了契税。

2×17 年 7 月该市修改城市规划，调整城市支路，使该宗土地使用权的性质变为住宅用地。该公司按照要求对该宗地进行评估，按住宅用地评估后的地价为 11 000 万元，按综合用地评估后的地价为 9 000 万元。该公司根据土地评估机构的评估结果补交了 2 000 万元的土地出让金。该市契税征收率为 4%，北方房地产公司应补缴契税如下。

应缴契税 =（11 000-9 000）×4%=80（万元）

（二）印花税

根据《财政部 国家税务总局关于印花税若干政策的通知》（财税〔2006〕162号）的规定，对土地使用权出让合同、土地使用权转让合同按产权转移书据征收印花税，按合同记载金额的 0.5‰贴花。取得房产证及土地使用权证等权利许可证照按件贴花，每件 5 元。

【例 3-3】获得土地使用权时契税的计算

2×17 年 1 月，北方房地产公司通过竞标取得土地使用权 100 亩，地价为 6 000 万元，3 月取得该块土地的土地使用证。北方房地产公司应纳税额的计算如下。

（1）签订土地使用权出让合同应纳印花税额 =6 000×0.5‰ =3（万元）

（2）取得土地使用证应纳税额为 3 万元。

（三）耕地占用税

房地产开发企业获取土地使用权，根据《中华人民共和国耕地占用税暂行条例》的规定，获取的土地符合耕地条件的需依据实际占用耕地面积，按照规定的适用税额一次性缴纳耕地占用税，不符合耕地条件的不必缴纳耕地占用税。耕地占用税中“耕地”是指用于种植农作物的土地，占用前 3 年内曾用于种植农作物的土地，也视为耕地。相关规定如表 3-5 所示。

表 3-5　耕地占用税的相关规定

征税范围	占用耕地建房或者从事非农业建设、占用园地、林地、牧草地、农田水利用地、养殖水面以及渔业水域滩涂等其他农用地建房或者从事非农业建设的单位或者个人，都是耕地占用税的纳税人，应当缴纳耕地占用税。经申请批准占用耕地的，纳税人为农用地转用审批文件中标明的建设用地人；农用地转用审批文件中未标明建设用地人的，纳税人为用地申请人；未经批准占用耕地的，纳税人为实际用地人
计税依据	耕地占用税以纳税人实际占用的耕地面积为计税依据，按照规定的适用税额一次性征收。实际占用的耕地面积，包括经批准占用的耕地面积和未经批准占用的耕地面积

续表

税额	（1）人均耕地不超过 1 亩的地区（以县级行政区域为单位，下同），每平方米为 10 元至 50 元 （2）人均耕地超过 1 亩但不超过 2 亩的地区，每平方米为 8 元至 40 元 （3）人均耕地超过 2 亩但不超过 3 亩的地区，每平方米为 6 元至 30 元 （4）人均耕地超过 3 亩的地区，每平方米为 5 元至 25 元
应纳税额的计算	应纳税额 = 计税依据 × 税额 = 实际占用的耕地面积 × 税额
耕地占用税的征收管理	（1）纳税义务发生时间：经批准占用耕地的，耕地占用税纳税义务发生时间为纳税人收到土地管理部门办理占用农用地手续通知的当天；未经批准占用耕地的，耕地占用税纳税义务发生时间为纳税人实际占用耕地的当天。 （2）纳税期限：土地管理部门在通知单位或者个人办理占用耕地手续时，应当同时通知耕地所在地同级地方税务机关。获准占用耕地的单位或者个人应当在收到土地管理部门的通知之日起 30 日内缴纳耕地占用税。土地管理部门凭耕地占用税完税凭证或者免税凭证和其他有关文件发放建设用地批准书。 （3）纳税地点：纳税人占用耕地或其他农用地，应当在耕地或其他农用地所在地地方税务机关申报纳税

国务院财政、税务主管部门根据人均耕地面积和经济发展情况确定各省、自治区、直辖市的平均税额，具体如表 3-6 所示。

表 3-6　各省、自治区、直辖市耕地占用税平均税额表

地区	每平方米平均税额 / 元
上海	45
北京	40
天津	35
江苏、浙江、福建、广东	30
辽宁、湖北、湖南	25

续表

地区	每平方米平均税额 / 元
河北、安徽、江西、山东、河南、重庆、四川	22.5
广西、海南、贵州、云南、陕西	20
山西、吉林、黑龙江	17.5
内蒙古、西藏、甘肃、青海、宁夏、新疆	12.5

【例 3-4】耕地占用税的计算

北方房地产公司经土地管理部门批准征用耕地 200 000 平方米用于房地产开发。当地政府规定的耕地占用税税额为 22.5 元 / 平方米。

应缴耕地占用税 =200 000×22.5=450（万元）

（四）城镇土地使用税

房地产开发企业取得的土地使用权，根据《国务院关于修改〈中华人民共和国城镇土地使用税暂行条例〉的决定》的规定，取得土地使用权后需要以实际占用的土地面积为计税依据，按照税法规定的差别幅度税额计算缴纳城镇土地使用税。具体规定如表 3-7 所示。

表 3-7 城镇土地使用税的相关规定

差别幅度税额	城镇土地使用税采用定额税率，即采用有幅度的差别税额，按大、中、小城市和县城、建制镇、工矿区分别规定每平方米土地使用税年应纳税额。具体标准如表 3-8 所示
应纳税额的计算	城镇土地使用税的应纳税额可以通过纳税人实际占用的土地面积乘以该土地所在地段的适用税额求得，计算公式如下。 全年应纳税额 = 实际占用土地面积（平方米）× 适用税额

续表

纳税期限及纳税义务发生时间	按年计算、分期缴纳的征收方法，具体纳税期限由各省、自治区、直辖市人民政府确定。 以出让或转让方式有偿取得土地使用权的，应由受让方从合同约定交付土地时间的次月起缴纳城镇土地使用税，合同未约定交付土地时间的，由受让方从合同签订的次月起缴纳城镇土地使用税。房地产开发企业新征用的耕地，自批准征用之日起满 1 年时开始缴纳土地使用税；新征用的非耕地，自批准征用的次月起开始缴纳土地使用税
纳税地点和征收机构	城镇土地使用税由土地所在地的地方税务机关征收；城镇土地使用税在土地所在地缴纳，纳税人使用的土地不属于同一省、自治区、直辖市管辖的，应分别向土地所在地的税务机关缴纳土地使用税。在同一省、自治区、直辖市管辖范围内，纳税人跨地区使用的土地，其纳税地点由各省、自治区、直辖市地方税务局确定
税收优惠	房地产开发企业建造商品房的用地，原则上应按规定计征城镇土地使用税。但在商品房出售之前确有困难的，其用地是否给予缓征或减征、免征照顾，可由各省、自治区、直辖市地方税务局根据从严的原则结合具体情况确定。 房地产开发企业办的学校、医院、托儿所以及幼儿园，其用地能与企业其他用地明确区分的，免征城镇土地使用税。市政街道、广场、绿化地带等公共用地，免征土地使用税

表 3–8　城镇土地使用税税率表

级别	人口 / 人	每平方米税额 / 元
大城市	50 万以上	1.5 ~ 30
中等城市	20 万 ~ 50 万	1.2 ~ 24
小城市	20 万以下	0.9 ~ 18
县城、建制镇、工矿区		0.6 ~ 12

【例 3–5】城镇土地使用税的计算

北方房地产公司拥有一宗 50 万平方米的土地使用权，其中市政道路及绿化带用地 8 万平方米。此块土地中规划一所学校占地 2 万平方米，已完成销售商品房占用土地 20 万平方米。该地城镇土地使用税税额为 5 元 / 平方米，按季缴纳。

涉税分析：根据税法规定，房地产开发企业办的学校用地能与企业其他用地明确区分的，免征城镇土地使用税。市政街道、绿化地带等公共用地，免征土地使用税。对已经完成销售的商品房占用的土地，因相关的土地使用权已经不再归属于房地产开发企业所有，所以在计算土地使用税时需要将其相应的土地面积从房地产开发企业的计税面积中扣除。我们可以参照《北京市地税局关于房地产开发企业开发用地征收城镇土地使用税有关问题的通知》（京地税地〔2005〕550号）规定的如下。已销售房屋的占地面积计算公式作相关扣除计算。

已销售房屋的占地面积 =（已销售房屋的建筑面积 ÷ 开发项目房屋总建筑面积）× 总占地面积”

对于可以扣除“已销售房屋”的具体时点税法并无明确的规定，一般自承购人获取商品房权属证书后对该土地计税面积进行扣除。根据以上分析，北方房地产公司应纳土地使用税额的计算方法如下。

应缴纳城镇土地使用税的土地面积 =50-8-2-20=20（万平方米）

年度应纳税额 =20×5=100（万元）

每季度应纳税额 =100÷4=25（万元）

（五）接受土地使用权出资的涉税问题

接受投资取得的土地使用权，因被投资企业并未取得土地使用权转让发票，则在其将来商品房完工销售后，将涉及企业所得税计税成本和土地增值税的扣除项目金额确定问题。

1. 企业所得税

被投资企业接受的土地使用权出资，可按经评估确认后的价值确定有关资产的成本。如果投资企业已经按照税法规定确认投资环节应纳税所得额，土地使用权的增值部分在税收上已经得到实现，被投资企业可以凭评估报告作为税前扣除的依据。有的地方税务机关还要求开发企业提供投资企业主管税务机关出具的投资企业已调增应纳税所得额证明，作为税前扣除的依据。

2. 土地增值税

这个问题在土地增值税上则比较复杂，税法并未对此进行明确规定。

在当前的征管实务中，多数地方税务机关的要求是：受投资方企业的土地使用权成本可以计入扣除项目金额，并可作加计 20% 扣除的基数，但需纳税人提供支持性证明材料：出资协议、该宗地的评估报告、验资报告、出资方以该幅地出资环节已经接受土地增值税税务管理的证明等。

3.2.2　获取土地阶段会计处理

房地产开发企业取得土地使用权，根据土地使用权的取得方式和持有目的不同设置不同的会计账户，进行不同的账务处理。

（一）取得土地使用权确认

房地产开发企业取得土地使用权的方式一般有接受土地使用权出让、接受土地使用权转让、投资者投入的土地使用权以及其他方式。房地产开发企业较少有无偿划拨取得土地使用权的情况。企业不同方式下取得土地使用权的入账价值如表 3-9 所示。

表 3-9　不同方式下取得土地使用权的入账价值

通过出让取得的土地使用权	通过出让方式取得土地使用权的入账价值通常是土地出让金加上相关税费，如果还发生了与取得该土地有关的费用，如缴纳的行政事业性规费、征地补偿费等，应一并计入土地取得成本。 在城市行政区域内的开发项目，除实行有偿出让方式取得国有土地使用权且地价款中含基础设施配套费的项目之外，房地产开发企业应按规定缴纳城市基础设施费。城市基础设施费的征收基数，以批准的年度投资计划的建筑面积（包括地下建筑面积）为准。相关税费是指取得土地使用权时涉及的契税、印花税，取得土地为耕地的，还涉及耕地占用税
通过转让取得的土地使用权	通过土地使用权转让取得土地使用权的成本，包括购买价款、其他行政事业性收费和其他税费等。如果接受转让的土地为无偿划拨取得且约定由受让方办理出让手续及补交土地出让金，土地使用权的成本应包括按照相关规定补交土地出让金及相关税费。如果受让土地原来属于出让土地，土地使用权的成本包括支付的转让费和相关税费
投资者投入的土地使用权	投资者投入的土地使用权，应当按照投资合同或协议约定的价值作为成本，但合同或协议约定价值不公允的除外

续表

其他方式取得的土地使用权	房地产开发企业合并取得的土地使用权的成本，应当按照《企业会计准则第 20 号——企业合并》确定；非货币性资产交换取得的土地使用权的成本，应当按照《企业会计准则第 7 号——非货币性资产交换》确定；债务重组取得的土地使用权的成本，应当按照《企业会计准则第 12 号——债务重组》确定；政府补助取得的土地使用权的成本，应当按照《企业会计准则第 16 号——政府补助》确定

（二）获取土地使用权的会计处理

不同用途下的土地使用权的会计处理如表 3-10 所示。

表 3-10 不同用途下的土地使用权的会计处理

房地产开发企业取得的土地使用权	根据《企业会计准则第 6 号——无形资产》应用指南的规定，通常应确认为无形资产
改变土地使用权用途，用于赚取租金	转为投资性房地产
取得土地使用权用于建造对外出售的房屋建筑物	相关的土地使用权账面价值应当计入所建造的房屋建筑物成本
取得土地使用权缴纳的相关契税、印花税及耕地占用税	契税、耕地占用税要视取得土地使用权的用途计入不同的会计账户，印花税直接进入“管理费用”核算

1. 用于土地开发的土地使用权

房地产开发企业如果取得的土地使用权用于土地开发的，应将土地使用权的取得成本计入“开发成本”中，即借记“开发成本——土地开发”账户，贷记“银行存款”“应付账款”等账户，所缴纳的印花税直接进入“管理费用”账户核算。

【例 3-6】获取土地使用权的会计处理

北方房地产公司通过投标方式取得土地使用权 100 亩用于开发商品性土地总价款 5 000 万元，单价 50 万元 / 亩，契税征收率为 4%。当地政府规定的耕地占用税税额为 22.5 元 / 平方米。该公司通过银行转账支付土地出让金及相关税费。

（1）支付土地出让金时，依据财政部门开具的土地使用权出让金专用票据和银行转款手续，北方房地产公司应进行的会计处理如下。

借：开发成本——土地开发——土地征用及拆迁补偿费 50 000 000

贷：银行存款 50 000 000

（2）应缴纳的契税为：5 000×4%=200（万元）

依据耕地占用税完税凭证和付款证明，北方房地产公司应进行的会计处理如下。

借：开发成本——土地开发——土地征用及拆迁补偿费 2 000 000

贷：银行存款 2 000 000

（3）应缴纳的耕地占用税为：100×666.67×22.5=150（万元）

依据耕地占用税完税凭证和付款证明，北方房地产公司应进行的会计处理如下。

借：开发成本——土地开发 1 500 000

贷：银行存款 1 500 000

（4）签订土地使用权出让合同，应缴纳的印花税为：5 000×0.5‰ =2.5（万元）

缴纳印花税时，依据印花税完税凭证和付款证明，北方房地产公司应进行的会计处理如下。

借：管理费用——印花税 25 000

贷：银行存款 25 000

2. 用于商品房开发的土地使用权

根据企业会计准则，房地产开发企业取得的土地使用权用于建造对外出售的房屋建筑物，相关的土地使用权应当计入所建造的房屋建筑物成本，即借记“开发成本——房屋开发”科目，贷记“银行存款”“应付账款”等。取得的土地使用权所缴纳的印花税直接计入“管理费用”核算。

【例 3-7】获得用于商品房开发的土地使用权的会计核算

2×18 年 6 月，北方房地产公司取得 85 亩的土地使用权用于商品房开发，价款 2 500 万元，契税征收率为 4%。当地政府规定的耕地占用税税额为 22.5 元 / 平方米。该公司已通过银行转账支付土地出让金及相关税费。

（1）支付土地出让金时，依据财政部门开具的土地使用权出让金专用票据和银行转款手续，北方房地产公司应进行的会计处理如下。

借：开发成本——房屋开发——土地征用及拆迁补偿费 25 000 000

贷：银行存款 25 000 000

（2）应缴纳的契税为：2 500×4%=100（万元）。

依据契税完税凭证和付款证明，北方房地产公司应进行的会计处理如下。

借：开发成本——房屋开发——土地征用及拆迁补偿费　　1 000 000

　　贷：银行存款　　1 000 000

（3）应缴纳的耕地占用税为：85×666.67×22.5=1 275 006.38（元）

依据耕地占用税完税凭证和付款证明，北方房地产公司应进行的会计处理如下。

借：开发成本——土地开发　　1 275 006.38

　　贷：银行存款　　1 275 006.38

（4）签订土地使用权出让合同，应缴纳的印花税为：2 500×0.5‰ =1.25（万元）

缴纳印花税时，依据印花税完税凭证和付款证明，北方房地产公司应进行的会计处理如下。

借：管理费用——印花税　　12 500

　　贷：银行存款　　12 500

3. 自建用房的土地使用权

房地产开发企业取得的土地使用权用于自建用房等地上建筑物时，土地使用权的取得成本直接记入“无形资产”账户，且土地使用权的账面价值不与地上建筑物合并计算成本，而仍作为无形资产进行核算，土地使用权与地上建筑物分别进行摊销和提取折旧。企业为建造办公楼等自用而取得的土地使用权所缴纳的契税，记入“无形资产”账户。

【例 3-8】取得自建用房的土地使用权的会计核算

2×18 年 3 月 12 日，北方房地产公司以出让方式取得一块土地使用权，以银行存款转账支付 500 万元，并在该块土地上自行建造两栋办公楼自用，发生建筑工程支出 1 100 万元。两栋办公楼已经完工并达到预定可使用状态。假定土地使用权的使用年限为 50 年，无净残值；写字楼的使用年限为 25 年，预计净残值 100 万元；都采用直接法进行摊销和计提折旧。契税的征收率为 4%。

（1）支付土地出让金时，依据财政部门开具的土地使用权出让金专用票据和银行转款手续，该公司所进行的会计处理如下。

借：无形资产——土地使用权　　5 000 000

　　贷：银行存款　　5 000 000

（2）应缴纳的契税为：500×4% =20（万元）

依据契税完税凭证和付款证明，该公司所进行的会计处理如下。

借：无形资产——土地使用权　　200 000

　　贷：银行存款　　200 000

（3）签订土地使用权出让合同，应缴纳的印花税为：500×0.5‰ =0.25（万元）。缴纳印花税时，依据印花税完税凭证和付款证明，该公司所进行的会计处理如下。

借：管理费用——印花税　　2 500

　　贷：银行存款　　2 500

（4）在土地上自行建造办公楼，发生建造费用时，根据付款凭证、税务部门监制的发票或财政部门监制的收据，该公司所进行的会计处理如下。

借：在建工程　　11 000 000

　　贷：应付账款等　　11 000 000

（5）办公楼达到预定可使用状态，该公司所进行的会计处理如下。

借：固定资产——办公楼　　11 000 000

　　贷：在建工程　　11 000 000

（6）每年分摊土地使用权和对办公楼计提折旧，相关会计处理如下。

借：管理费用　　504 000

　　贷：累计折旧　　400 000

　　　　累计摊销　　104 000

4. 暂时没有确定使用用途的土地使用权

如果取得的土地暂时没有确定使用用途，记入“无形资产——土地使用权”账户。

【例 3-9】取得暂时没有确定使用用途的土地使用权的会计核算

2×17 年 8 月，北方房地产公司取得 300 亩的土地使用权暂时没有确定使用用途，价款 4 500 万元，契税征收率为 4%，征用土地在征用前属于城市用地，通过银行转账支付土地出让金及相关税费。

（1）支付土地出让金时，依据财政部门开具的土地使用权出让金专用票据和银行转款手续，该公司所进行的会计处理如下。

借：无形资产——土地使用权　　45 000 000

　　贷：银行存款　　45 000 000

（2）应缴纳的契税为：4 500×4%=180（万元）。

依据契税完税凭证和付款证明，该公司所进行的会计处理如下。

借：无形资产——土地使用权　　1 800 000

　　贷：银行存款　　1 800 000

（3）签订土地使用权出让合同，应缴纳的印花税为：4 500×0.5‰ =2.25（万元）。

缴纳印花税时，依据印花税完税凭证和付款证明，该公司所进行的会计处理如下。

借：管理费用——印花税　　22 500

　　贷：银行存款　　22 500

5. 用于赚取租金的土地使用权

企业改变土地使用权的用途，将其作为用于对外出租时，应将其转为投资性房地产。

【例 3-10】取得用于赚取租金的土地使用权的会计核算

北方房地产公司 2×17 年 10 月用 9 000 万元从土地市场受让取得某地块土地使用权，用于房地产开发，其中增值税进项税额为 9 900 000 元。该已完成土地开发，土地开发成本 800 万元。因房地产市场萎缩，公司准备减缓房地产开发，将已开发完成的土地用于出租。2×18 年 2 月与甲公司签订了经营租赁合同，将这块土地出租给甲公司使用，租赁期开始日为 2×18 年 2 月 1 日，租期 2 年。

（1）支付土地出让金时，依据财政部门开具的土地使用权出让金专用票据和银行转款手续，该公司所进行的会计处理如下。

借：开发成本——土地开发　　90 000 000

　　应交税费——应交增值税（进项税额）　　9 900 000

　　贷：银行存款　　99 900 000

（2）支付土地开发成本时，根据付款依据、税务部门监制的发票或财政部门监制的收据，该公司所进行的会计处理如下。

借：开发成本——土地开发　　8 000 000

　　贷：银行存款　　8 000 000

（3） 2×18 年 2 月 1 日，租赁期开始日，该公司应将已开发的土地转换为投资性房地产，所进行的会计处理如下。

借：投资性房地产——土地使用权　　98 000 000

　　贷：开发成本——土地开发　　98 000 000

第4章

盖房子容易吗
——开发建设阶段的会计核算

开发建设阶段是房地产开发的重要阶段。在此阶段，房地产开发企业要在土地上完成房地产产品的开发，形成开发产品；会计核算上一方面要进行成本费用的核算，另一方面要对工程发包、材料、设备采购及其往来账项进行核算。为了加强开发成本的管理，降低开发过程耗费的活劳动和物化劳动，提高企业经济效益，房地产开发企业必须正确核算开发产品的成本，在各个开发环节控制各项费用支出。

房地开发企业在其生产经营的活动中发生的费用有两部分：开发产品成本和期间费用。企业应当合理划分期间费用和成本的界限。一般说来，开发成本应适用配比性原则，把发生的各类开发成本经过归集和分配后，计入所开发的产品成本。期间费用由于很难分配到各个成本项目中，则应当直接计入当期损益。

4.1 开发成本核算概述

开发产品成本是指房地产企业在开发过程中所发生的各项费用支出。必须区别于完全成本。房地产企业的完全成本是指为开发项目而发生的全部成本费用。

进行正确的成本、费用核算，是精细化经营管理的需要，也是房地产企业控制成本变动、洞悉成本动向、掌握投资进度的必然要求。

4.1.1 成本核算的基本程序

图 4-1 为房地产企业成本核算的基本程序。房地产企业应该严格执行该程序来正确确认开发产品成本。

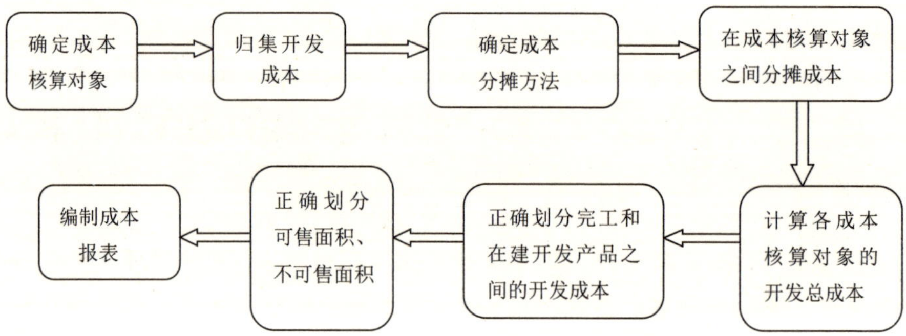

图 4-1 房地产企业成本核算的基本程序

4.1.2 房地产企业成本费用核算特点

与一般行业相比，房地产行业的成本费用核算具有如下特点。

（1）核算时间跨度大。房地产项目开发的周期较长，少则一二年，多则超过 5 年，使房地产成本费用核算的时间跨度很大。

（2）核算难度较大。房地产开发的全成本不仅仅包括常见的土地、建安成本，还包括基础设施、公共配套、管理费用、营销费用和利息支出等各类成本。这些成本具备不同的特性、涉及不同的专业领域，从而导致成本的核算难度较大。

（3）成本核算的差异性较大。不同的房地产项目受地域、项目定位、产品功能、用途、规模等各方面因素的影响很大，导致不同项目之间的差异很大，每个项目都或多或少有自己的特点。

4.1.3 划分成本核算项目

在核算上一般将开发成本分为土地征用及拆迁补偿费、前期工程费、基础设施费、建筑安装工程费、公共配套设施费和开发间接费用 6 个部分。

（一）土地征用及拆迁补偿费

土地征用及拆迁补偿费指为取得土地开发使用权而发生的各项费用，包括缴纳的土地使用权出让或转让金、征地费、房屋拆迁补偿费以及支付的有关税费等。

（二）前期工程费

前期工程费是指取得土地使用权后，为开发项目而进行的规划、设计、项目可行性研究、水文、地质勘察、测绘、“三通一平”，报批报建等前期支出。

（三）基础设施费

基础设施费是指开发的项目内道路、排水、供电、供热、供气、排污、通信、电视、照明、环卫、绿化和围墙等工程发生的支出，主要包括：道路工程费、供电工程费、给排水工程费、煤气工程费、通信工程费、电视工程费等。

（四）建筑安装工程费

建筑安装工程费指项目开发过程中发生的列入建筑安装工程施工图预算项目的各项费用，其中包含设备费、出包工程向承包方支付的临时设施费和劳动保险费。具体而言，建筑安装工程费包括桩基施工、基坑支护、施工图设计、主体施工、土石方、电气设备（强电）、电信设备（弱电）以及安装工程费用，还包括公共部位装修、室内装修等支出。

（五）公共配套设施费

公共配套设施费是指在开发项目内发生的，不能有偿转让应计入开发成本的公共配套设施发生的支出，如派出所、幼儿园、变电站等。

（六）分配转入的开发间接费用

开发间接费用是指房地产开发企业内部独立核算单位在开发现场组织管理开发产品而发生的各项费用。这些费用虽也属于直接为房地产开发而发生的费用，但它不能确定其为某项开发产品所应负担，因而无法将它直接计入各项开发产品成本。为了简化核算手续，将它先记入“开发间接费用”账户，然后按照适当分配标准，将它分配计入各项开发产品成本。一般分为开发管理费和可资本化利息支出两大部分，其中开发管理费是指工程现场管理部门所发生的职工薪酬、折旧费、修理费、办公费、水电费、劳动保护费及周转房摊销等。

另外，如果计算房地产开发企业产品的完全成本，还要包含期间费用，即开发企业为组织和管理开发经营活动而发生的管理费用、财务费用以及为销售开发产品、出租投资性房地产而发生的营业费用，它们都是经营期间的费用支出。为了准确、真实地反映企业的经营状况，正确考核项目开发的成本水平和成本管理责任，按现行会计制度的规定应将期间费用计入当期损益，不计入开发产品成本。

4.2 成本归集、分配的会计处理

开发成本的归集和分配是房地产企业成本核算的重要内容。成本归集就是将成本支出计入成本项目的过程，而成本分配就是将计入成本项目的成本支出进行合理分摊，并计入成本对象的过程。房地产企业通过成本归集和成本分配，可以反映出每个成本对象的成本支出，为计算销售成本创造条件。

4.2.1 成本分配法

房地产开发、建造的开发产品应按制造成本法进行计量与核算，其中，应计入开发产品成本的费用属于直接成本和能够分清成本对象的间接成本，直接计入成本对象；共同成本和不能分清成本对象的间接成本，应按受益原则和配比原则分配至各个成本对象。企业应根据项目的具体情况，选择合适的分配方法。

房地产项目总成本的分配有四种方法：占地面积法、建筑面积法、直接成本法以及预算造价法。

（一）占地面积法

占地面积法指按已动工开发成本对象占地面积占开发用地总面积的比例进行分配。

一次性开发的，按某一成本对象占地面积占全部成本对象占地总面积的比例进行分配。

分期开发的，首先按本期全部成本对象占地面积占开发用地总面积的比例进行分配，然后再按某一成本对象占地面积占期内全部成本对象占地总面积的比例进行分配。

期内全部成本对象应负担的占地面积为期内开发用地占地面积减除应由各期成本对象共同负担的占地面积。

土地成本一般按照此方法进行分配。土地开发同时连结房地产开发的，属于一次性取得土地分期开发房地产的情况，其土地开发成本经税务机关同意后可先按土地整体预算成本进行分配，待土地整体开发完毕再行调整。

（二）建筑面积法

建筑面积法指按已动工开发成本对象建筑面积占开发用地总建筑面积的比例进行分配。

一次性开发的，按某一成本对象建筑面积占全部成本对象建筑面积的比例进行分配。

分期开发的，首先按期内成本对象建筑面积占开发用地计划建筑面积的比例进行分配，然后再按某一成本对象建筑面积占期内成本对象总建筑面积的比例进行分配。

一般情况下，分配时的建筑面积采用可售建筑面积。

（三）直接成本法

直接成本法指按期内某一成本对象的直接开发成本占期内全部成本对象直接开发成本的比例进行分配。

一般来说，直接成本可以理解为土地征用及拆迁补偿费、建筑安装工程费之和。

借款费用属于不同成本对象共同负担的，按直接成本法或按预算造价法进行分配。

（四）预算造价法

预算造价法是指按期内某一成本对象预算造价占期内全部成本对象预算造价的比例进行分配。

4.2.2 土地征用及拆迁补偿费的归集与分配

（一）土地征用及拆迁补偿费的相关概念

土地征用及拆迁补偿费，是指为取得土地开发使用权而发生的各项费用，主要包括土地征用费、拆迁补偿费、市政配套费等。土地征用费是指支付的土地出让金、土地转让费、土地效益金、土地开发费，交纳的契税、耕地占用税，土地变更用途和超面积补交的地价，补偿合作方地价，合作项目建房转入分给合作方的房屋成本和相应税费等。拆迁补偿费是指有关地上、地下建筑物或附着物的拆迁补偿支出，安置及动迁支出，农作物补偿费，危房补偿费等；拆迁旧建筑物回收的残值应估价入账，分别冲减有关成本。市政配套费是指向政府部门交纳的大市政配套费，征用生地向当地市政公司交纳的红线外道路、水、电、气、热、通信等的建造费、管线铺设费等。

（二）土地征用及拆迁补偿费的归集

（1）能分清成本核算对象的，应直接计入有关开发成本核算对象的“土地征用及拆迁补偿费”成本项目。

【例 4-1】归集土地征用及拆迁补偿费的会计核算

A 房地产开发企业受市政府委托，对一块面积为 5 万平方米的湖东危改地块进行土地储备整理，并于 2×17 年 11 月 5 日，用现金支付征地拆迁费 50 万元，应编制如下会计分录：

借：开发成本——土地征用及拆迁补偿费　　500 000

　贷：银行存款　　500 000

（2）分不清成本核算对象的，应先对其支出进行归集，会计期末按照一定的分配标准分配给各个受益对象。

【例 4-2】归集土地征用及拆迁补偿费的会计核算

2×17 年 8 月，A 房地产企业通过竞拍获得了一块土地。该土地价款总额为 5 亿元，整体项目规划为别墅区、住宅区和商业区，具体技术经济指标未知。A 公司应编制如下会计分录。

借：开发成本——土地征用及拆迁补偿费——待分摊成本 500 000 000

　贷：银行存款　　500 000 000

（三）土地征用及拆迁补偿费的分配

按照税法的有关规定，土地成本一般按占地面积法进行分配。如确需结合其他方法进行分配的，应经税务机关同意。

如果成本对象的占地面积可以取得，则房地产企业应该按占地面积进行分摊。房地产企业取得成本对象占地面积的途径有两个：一是政府规划审批部门在项目规划中测定的占地面积，二是房地产企业根据项目规划自行测定的占地面积。

但在项目的实际运作过程中，并不是所有的成本对象都可以单独取得其占地面积。垂直排列的成本对象就无法取得各自的占地面积，如有的开发商品房，一至五层是购物中心，地下一层是超市，因为购物中心和超市的占地面积是重合的，因此，这种情况下就不能使用占地面积法对土地征用及拆迁补偿费进行分配。

对于无法按占地面积法对土地征用及拆迁补偿费进行分配的情况，从目前的分摊方法来看，建筑面积法是最合理的方法。

【例 4-3】分配土地征用及拆迁补偿费的会计核算

2×17 年 6 月，A 房地产开发公司通过竞拍取得了一块土地，土地总价值 5 亿元。该块地占地面积 10 万平方米，总建筑面积 50 万平方米。整体项目规划为住宅区、商业区和别墅区三个区域，具体经济技术指标如下。

（1）住宅区：占地面积 5 万平方米，建筑面积 30 万平方米。

（2）商业区：总占地面积 3 万平方米，开发产品为三层商场和十层写字楼，总建筑面积 16 万平方米，其中：商场建筑面积为 6 万平方米，写字楼的建筑面积为 10 万平方米。

（3）别墅区：占地面积 2 万平方米，建筑面积 4 万平方米。

A 房地产开发公司根据经济业务，编制如下会计分录。

（1）土地价款归集

借：开发成本——土地征用及拆迁补偿费——待分摊成本 500 000 000

贷：银行存款 500 000 000

（2）土地价款分摊

根据该项目实际情况，A 公司确定成本对象为：住宅、商场、写字楼和别墅。各成本对象分摊的土地成本如下。

①住宅的土地成本：按占地面积法进行分配。

住宅的土地成本 =5÷10×50 000=25 000 / 万元

②商场和写字楼的土地成本：商业区的土地成本按占地面积法进行分配。

商业区的土地成本 =3÷10×50 000=15 000 / 万元

商场和写字楼的土地成本按建筑面积法进行分配。

商场的土地成本 =6÷16×15 000=5 625 / 万元

写字楼的土地成本 =10÷16×15 000=9 375 / 万元

③别墅的土地成本：按占地面积法进行分配。

别墅的土地成本 =2÷10×50 000=10 000 / 万元

相关会计分录如下。

借：开发成本——住宅——土地征用及拆迁补偿费 250 000 000

——商场——土地征用及拆迁补偿费 56 250 000

——写字楼——土地征用及拆迁补偿费　　93 750 000

——别墅——土地征用及拆迁补偿费　　100 000 000

贷：开发成本——土地征用及拆迁补偿费——待分摊成本 500 000 000

在进行土地征用及拆迁补偿费的分摊时，应注意以下几种特殊情况的处理方法。

（1）回迁房成本如果作为拆迁补偿费，不分摊土地征用及拆迁补偿费。

（2）单独建造应该由开发产品承担的配套设施，应分摊土地征用及拆迁补偿费。

（3）在进行土地征用及拆迁补偿费的分摊时，如果属于单独建造的、具有独立使用功能的地下建筑物，则应分摊土地征用及拆迁补偿费；如果属于为建造地上建筑物而形成的、不具有独立使用功能的地下基础设施，则不分摊土地征用及拆迁补偿费。

4.2.3 前期工程费的归集与分配

（一）前期工程费的相关概念

前期工程费是指取得土地使用权后，为开发项目而进行的规划、设计、项目可行性研究、水文、地质勘察、测绘、“三通一平”、报批报建等前期支出，主要包括以下内容。

（1）项目前期报批报建费：项目报建时按规定向政府有关部门缴纳的报批费。如墙改专项基金、水泥基金、人防工程建设费、规划管理费、招投标管理费等。

（2）规划设计费：项目立项后的总体规划设计、单体设计费、管线设计费、改造设计费、可行性研究费、市场调研费、制图费、晒图费、规划设计模型制作费以及方案评审费。

（3）勘测丈量费：水文、地质、文物和地基勘察费、沉降观测费、日照测试费等。

（4）临时设施费：工地甲方临时办公室、场地占用费，以及沿红线周围设置的临时围墙、围挡等设施的费用。

（5）预算编、审费：支付给社会中介服务机构受聘为项目编制或审查预算而发生的费用。

（6）其他：包括环境监测费等。

（二）前期工程费的归集

（1）能分清成本核算对象的，应直接计入有关房屋开发成本核算对象的“前期工程费”成本项目

【例 4-4】归集前期工程费的会计核算

假定2×14年10月，A高档写字楼项目竣工验收，经过各相关部门对所涉及的单项工程全部进行结算处理后，最终确定了该项目的直接成本，经过相应的账务处理后，A高档写字楼项目的开发成本账户明细如下：土地征用及拆迁补偿费17 200万元、前期工程费5 000万元。甲企业董事会决定将该项目作为投资性物业长期持有，并决定采用成本模式计量。次月，甲企业进行了开发产品的结转，应作如下会计分录。

借：投资性房地产——A写字楼项目　　222 000 000

　贷：开发成本——A写字楼项目——土地征用及拆迁补偿费　172 000 000

　　　　　　——A写字楼项目——前期工程费　　50 000000

（2）分不清成本核算对象的，应先将其支出进行归集，会计期末按照一定的分配标准分配给受益对象

【例 4-5】归集前期工程费的会计核算

A房地产开发公司有一块土地，规划分为两期开发，现已支付工程招投标代理服务费30万元，可行性研究编制费10万元，临时道路修建费5万元，地基测量定桩费15万元，临时围栏费70万元，建设场地平整费110万元。A房地产开发公司应编制如下会计分录。

借：开发成本——前期工程费——待分摊成本　　2 400 000

　贷：银行存款/应付债款等　　2 400 000

（三）前期工程费的分配

前期工程费的分配方法包括：占地面积法、建筑面积法、直接成本法和预算造价法等。房地产企业在分配时，可自行选择其中的一种方法。对于前期工程费中的具体支出项目，应具体分析，分别采用不同的分配方法。如果没有确实的理由，前期工程费的支出项目应采用统一的分配方法，即不能人为地通过分配方法的选择来调节各成本对象的成本。

【例 4-6】分配前期工程费的会计核算

（接上例）A 房地产开发公司规划第一期开发的建筑面积为 20 万平方米，第二期开发的建筑面积为 30 万平方米。A 房地产开发公司使用建筑面积法对前期工程费进行分摊，该企业应作如下会计分录。

借：开发成本——一期——前期工程费　　960 000

　　　　　　——二期——前期工程费　　1 440 000

　贷：开发成本——前期工程费——待分摊成本　　2 400 000

4.2.4 建筑安装工程费的归集与分配

（一）建筑安装工程费的相关概念

建筑安装工程费是指项目开发过程中发生的列入建筑安装工程施工图预算项目内的各项费用（含设备费、出包工程向承包方支付的临时设施费和劳动保险费），有甲供材料、设备的，还应包括相应的甲供材料、设备费。主要包括以下内容。

（1）土建工程费。包括：基础工程费，如土石方、桩基、基坑支护费、桩基检测费；主体工程费，即土建结构工程费（含 ±0 以下部分）。

（2）安装工程费。包括：电气安装工程费，主体工程内的照明、电表等电气设施的设备费、安装费；弱电安装工程费，主体工程内的通信、监控、有线电视等智能化系统及其安装费；给排水安装工程费，主体工程内的上下水、水表等给排水设施的设备和安装费；电梯安装工程费，主体工程内的电梯设备及其安装、调试费；空调安装工程费，主体工程内的中央空调、户式中央空调等设备及安装费；消防安装工程费，主体工程内的自动喷洒、消防栓、报警系统等消防设施安装费；煤气、燃气安装工程费，主体工程内的供气管线等燃气设施及安装费；采暖安装工程费，主体工程内的供热设施及安装费；门窗安装工程费，主体工程内的门、窗以及安装费。

上述各项如有甲供材料的，还应包括相应的甲供材料费。所谓甲供材料，就是建设方和施工方之间材料供应、管理和核算的一种方法，即：房地产开发商在进行施工招投标与施工单位签订施工合同时，开发方为甲方，合同中规定该工程项目中所使用的主要材料由甲方（房地产开发企业）统一购入，材料价款的结算按照实际的价格结算，数量按照甲方（房地产开发企业）调拨给乙方（施工单位）的数量结算。在甲供材料方法中，材料的价格风险由开发单位承担，材料的数量风险由施工单位承担。房地产开发企业根据施工图计算施工所需的材料量，列出材料供应清单，各个施工单位根据工程进度预算所需要的材料量提前上报计划，房地产开发企业统一购入管理，在工程款结算时将这部分材料款从结算总额中剔除。

（3）装修工程费。包括：公共部位装修，指过道、入户大门、电梯间等公共部位的装修；粗装修，主要指为达到交工验收标准而对毛坯房进行的一般装修；精装修，根据与客户签订的精装修合同进行的装修所支付的材料和装修费。

（4）项目或工程监理费。这部分指支付给工程监理单位的费用。

（5）其他。这部分指工程收尾所发生的零星工程费和工程保险费、文明施工费等。

房地产开发企业可以采用发包和自营两种施工方式。对于不同的施工方式，企业应采用不同的核算方法。

（二）采用发包方式的核算

对发包的基础设施和建筑安装工程，一般采用招标、议标方式，通过工程公开招标或邀请施工企业议标，将工程发包给施工企业的，按工程标价进行结算。开发企业一般要根据工程承包合同条例的规定，同承包工程的施工企业签订工程承包合同。

采用发包方式进行建筑安装工程施工的开发项目，其建筑安装工程支出，应根据企业承付的已完工程价款确定，直接计入有关开发成本核算对象的“建筑安装工程费”成本项目。

1. 工程价款结算办法

开发企业与施工企业在工程承包合同中规定的工程价款的结算，应根据国家有关工程价款结算办法，结合当地的有关规定具体确定。从目前各个地区所采用的工程价款结算办法来看，归纳起来，主要有如图 4-2 所示三种。

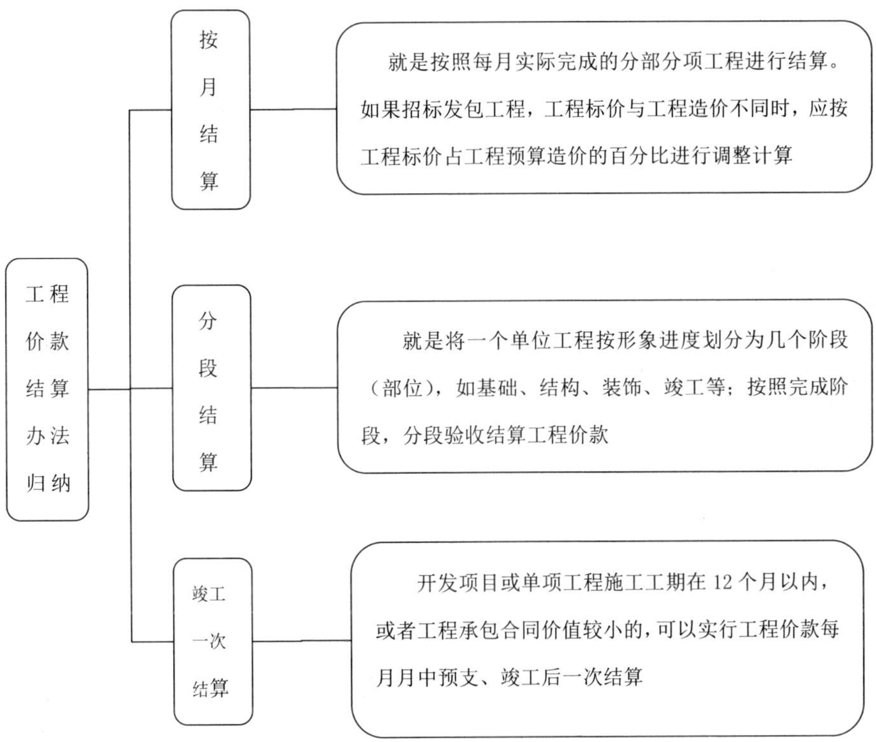

图 4-2 工程价款结算办法归纳

不论采用何种结算办法，施工期间结算的工程价款一般都不得超过承包工程合同价值的 95%。结算双方可以在 5% 的幅度内协商确认尾款比例，并在工程承包合同中订明。尾款应专户存入银行，待工程竣工验收后清算。但如承包施工企业已向开发企业出具履约保函或有其他保证的，可以不留工程尾款。

2. 支付工程合同款的会计核算

开发企业与施工企业有关发包工程款和预付备料款、工程款的核算，应在“应付账款——应付工程款”和“预付账款——预付承包单位款”两个科目进行。

开发企业按照规定预付给承包施工企业的备料款和工程款，应记入“预付账款——预付承包单位款”科目的借方；按照工程价款结算账单应付给承包施工企业的工程款，应记入“开发成本”等科目的借方和“应付账款——应付工程款”科目的贷方。如有扣除应付工程款的预付备料款和预付工程款时，应将扣回的预付备料款和预付工程款记入“预付账款——预付承包单位款”科目的贷方，“应付账款——应付工程款”科目的贷方仅记减去扣回预付备料款和预付工程款后的应付账款。支付工程款时，相关款项记入“应付账款——应付工程款”科目的借方和“银行存款”等科目的贷方。

合同最后结算时，企业应按最终结算值与已累计结算值差额结转开发成本，借记“开发成本”科目，贷记“应付账款”科目。“应付账款”贷方余额反映尚欠施工单位的款项。

【例 4–7】支付工程合同款的会计核算

A房地产开发企业某项发包工程年度合同总值为600 000元，按照合同规定开工前应付预付备料款150 000元，以银行存款支付。

（1）预付备料款时，该企业应作如下分录入账。

借：预付账款——预付承包单位款　　150 000

　　贷：银行存款　　150 000

（2）9月份根据施工企业当月施工计划所列工作量的1/2即35 000元，用银行存款预付工程款时，该企业应作如下会计分录。

借：预付账款——预付承包单位款　　35 000

贷：银行存款　　35 000

（3）10 月初根据施工企业提出 9 月份工程价款结算账单中的已完工程价值为 75 000 元，减去应扣回预付备料款 15 000 元。月中预付工程款 35 000 元，尚应支付工程款 25 000（75 000−15 000−35 000）元。该企业应作如下会计分录。

借：开发成本　　75 000

　贷：预付账款——预付承包单位款　　50 000

　　应付账款——应付工程款　　25 000

（4）用银行存款支付应付工程款时，该企业应作如下会计分录。

借：应付账款——应付工程款　　25 000

　贷：银行存款　　25 000

3. 非合同建筑安装工程费支出的核算

非合同建筑安装工程费支出（简称“非合同建安支出”）需要通过“应付账款”科目转入“开发成本”科目，实务中为：企业应在“应付账款”科目下按成本项目设置明细，发生支出时先借记“应付账款”科目，贷记“银行存款”科目，同时借记“开发成本”科目，贷记“应付账款”科目。

可以看出，对于非合同建安支出，企业应通过“应付账款”科目进行过渡，不能直接计入“开发成本”。这样操作的理由是：可以通过“应付账款”科目的累计发生额完整反映项目建安支出的情况。

这里要注意的是，非合同建安支出核算时，“应付账款”的明细科目是按“开发成本”的成本项目来设置的，这与支付工程合同款，按客户单位设置应付账款明细科目不同。

4. 工程水电费的核算

施工期间工程临时水电费一般由开发商直接支付，施工合同中约定开发商和施工单位分担比例。实际支付时，应该由开发商承担的部分直接记入“开发成本”科目，施工单位应承担的部分，由施工单位直接记入“应付账款”科目的借方。

水电费发生时金额不能准确确定的，开发商可以通过“其他应收款”

科目先归集，借记“其他应收款”，贷记“银行存款”科目。最后将开发商应承担的部分借记“开发成本”科目，将由施工单位承担的部分借记“应付账款——施工单位”科目，按全部的水电费金额贷记“其他应收款”科目。

需要注意的是，房地产开发企业应将取得的水电费发票复印件及原始凭证分割单一并交与施工单位，施工单位据此入账。

（三）采用自营方式的核算

用自营方式进行的基础设施和建筑安装（包括装饰）等工程，如果工程规模不大，在施工过程中发生的各项工程费用，可直接计入有关开发成本的核算对象，计入“开发成本——具体成本对象——建筑安装工程费”等科目的借方和“银行存款”“库存材料”或“原材料”“应付职工薪酬”等科目的贷方，作如下分录入账。

借：开发成本——具体成本对象——建筑安装工程费

　　贷：银行存款

　　　　库存材料或原材料

　　　　应付职工薪酬等

如果工程规模较大，由企业所属施工单位进行内部核算的，企业可根据需要设置“工程施工”“施工间接费用”等科目，用来核算和归集自营工程费用，并按工程施工成本核算对象和成本项目设置工程施工成本明细分类账进行工程成本明细分类核算，待月末将其实际成本转入“开发成本——具体成本对象——建筑安装工程费”科目的借方。

企业用于项目开发的各项设备，即附属于工程主体的各项设备，应在出库交付安装时，计入有关项目开发成本核算对象的“建筑安装工程费”成本项目，即计入“开发成本——具体成本对象——建筑安装工程费”账户的借方和“库存设备”账户的贷方。

（四）建筑安装工程费的分配

如果房地产开发企业对建筑安装工程采用招标方式发包，并将几个工程一并招标发包，则房地产企业在发生建筑安装工程费时，应先将其支出通过“开发成本——建筑安装工程费——待分摊成本”账户进行归集，会计期末按照一定的分配标准分配给各受益对象。

这时，应由开发产品受益的，房地产开发企业应将其分配计入有关成本核算对象，即计入“开发成本——具体受益对象——建造安装工程费”账户的借方，应由投资性房地产或固定资产受益的，房地产开发企业应将其分配计入“在建工程”账户的借方。

1. 按工程计算额分配

建筑安装工程费与其他成本项目不同，开发产品一般以每一独立编制设计概算或施工图预算的单项开发工程为成本核算对象。也就是说，成本核算对象都具有独立的设计概算或施工图预算，房地产企业发生的建筑安装工程费在最后完工结算工程价款时，都可以准确确定每一个成本对象的建筑安装工程费。因此，在一般情况下，房地产企业在工程完工时，按照工程结算值分配计入相应的成本对象。

2. 按工程预算造价分配

如果房地产开发企业对建筑安装工程采用招标方式发包，并将几个工程一并招标发包，则在工程完工结算价款时，也可以按各项工程的预算造价的比例，计算它们的标价即实际建筑安装工程费，并计入相应的成本对象。

【例 4-8】建筑安装工程费的分配

A 房地产开发公司将两栋商品房建筑安装工程进行招标，标价为 8 000 万元。这两栋商品房的预算造价为：一号商品房为 6 000 万元，二号商品房为 4 000 万元，合计 10 000 万元。

工程完工结算工程价款时，计算各栋商品房的实际建筑安装工程费，具体如下。

一号商品房建筑安装工程费 =8 000×6 000÷10 000=4 800（万元）

二号商品房建筑安装工程费 =8 000×4 000÷10 000=3 200（万元）

该公司应编制如下会计分录。

借：开发成本——一号商品房——建筑安装工程费　　48 000 000
　　　　——二号商品房——建筑安装工程费　　32 000 000
　贷：银行存款/应付账款　　80 000 000

4.2.5 基础设施费的归集与分配

（一）基础设施费的相关概念

基础设施费是指项目开发过程中发生的小区内、建筑安装工程施工图预算项目之外的供电、供水、供气、供热、道路、排污、排洪、通信、照明、绿化等基础设施工程费用，红线外两米与大市政接口的费用，以及向水、电、气、热、通信等专业公司缴纳的费用。主要包括以下内容。

（1）供电工程费：变电、配电设备的购置费、设备安装及电缆铺设费、贴费、增容费等。

（2）给排水工程费：自来水、雨水、污水排放、防洪等给排水设施的建造、管线铺设等。

（3）供气工程费：煤气、燃气管道的铺设费、增容费、集资费、配套费、挂表费等。

（4）供热工程费：暖气管道的铺设费等。

（5）道路工程费：开发项目内的道路铺设费。

（6）通信工程费：电话、宽带网络等线路的铺设、配套费等。

（7）电视工程费：有线电视（闭路电视）的线路铺设和按规定应缴纳的有关费用。

（8）照明工程费：项目内路灯照明设施的支出。

（9）绿化工程费：项目内草坪、栽花、种树等绿化支出、设计费等。

（10）环卫工程费：指开发项目内的环境卫生设施支出如垃圾箱等支出。

（11）其他：项目周围设置的永久性围墙、围栏支出、园区大门、园区监控工程等。

（二）基础设施费的归集

（1）能分清成本核算对象的，应直接计入有关房屋开发成本核算对象的“基础设施费”成本项目。

【例 4-9】基础设施费的归集

A 房地产公司于 2×17 年 5 月在 A 地开发一块土地，占地面积 50 000 平方米。开发完成后准备将其中的 30 000 平方米对外转让，其余的 20 000 平方米自行开发商品房。假设在土地开发过程中只发生了以下经济业务：支付土地出让金 50 000 000 元；支付拆迁补偿费 3 000 000 元；支付勘察设计费 500 000 元；某施工单位承包的地下管道安装工程已经竣工，应支付价款 2 000 000 元。

该公司应作如下会计分录。

借：开发成本——土地开发——土地征用及拆迁补偿费 53 000 000
——前期工程费 500 000
——基础设施费 2 000 000
贷：银行存款 53 500 000
应付账款——某施工单位 2 000 000

（2）分不清成本核算对象的，企业应先将相关支出进行归集，会计期末按照一定的分配标准分配给受益对象

（三）基础设施费的分配

基础设施费的分配方法包括：占地面积法、建筑面积法、直接成本法和预算造价法。房地产企业在分配时，可以自行选择其中一种方法。对于基础设施费中的具体支出项目，可以具体分析，分别采用不同的分配方法。如果没有确实的理由，基础设施费的支出项目应采用统一的分配方法，不能人为地通过分配方法的选择来调节各个成本对象的成本。

【例 4-10】基础设施费的分配

甲房地产公司开发的商品房 A（写字楼）、商品房 B（住宅），本案占地面积 10 000 平方米，容积率为 2.0，可以建设商品房 20 000 平方米，其中，商品房 A 为 5 000 平方米，商品房 B 为 15 000 平方米。在 2×17 年 3 月份，用银行存款支付承包

施工企业基础设施工程款为 60 万元。

基础设施费一般是按照建筑面积法进行分配成本的。本例的相关计算如下。

商品房 A 应负担的工程款为 60×5 000/20 000=15（万元）

商品房 B 应负担的工程款为 60×15 000/20 000=45（万元）

依据结算单及建筑发票和银行付款凭据，甲地产公司应作以下财务处理。

借：开发成本——基础设施费（商品房 A） 150 000

——基础设施费（商品房 B） 450 000

贷：银行存款 600 000

4.2.6 开发间接费用的归集与分配

（一）开发间接费用的相关概念

开发间接费用是指房地产开发企业内部独立核算单位在开发现场组织管理开发产品而发生的各项费用。这些费用虽也属于直接为房地产开发而发生的费用，但它不能确定其为某项开发产品所应负担，因而无法将它直接计入各项开发产品成本。具体内容如表 4-1 所示。

表 4-1 间接费用明细项目

明细项目名称	具体含义及内容
工资	指开发企业内部独立核算单位现场管理机构行政、技术、经济、服务等人员的工资、奖金和津贴
福利费	指按上项人员工资总额的一定比例（目前为 14%）提取的职工福利费
折旧费	指开发企业内部独立核算单位使用属于固定资产的房屋、设备、仪器等提取的折旧费
修理费	指开发企业内部独立核算单位使用属于固定资产的房屋、设备、仪器等发生的修理费
办公费	指开发企业内部独立核算单位各管理部门办公用的文具、纸张、印刷、邮电、书报、会议、差旅交通、烧水和集体取暖用煤等费用
水电费	指开发企业内部独立核算单位各管理部门耗用的水电费

续表

明细项目名称	具体含义及内容
劳动保护费	指用于开发企业内部独立核算单位职工的劳动保护用品的购置、摊销和修理费，供职工保健用营养品、防暑饮料、洗涤肥皂等物品的购置费或补助费，以及工地上职工洗澡、饮水的燃料等
周转房摊销	指不能确定为某项开发项目安置拆迁居民周转使用的房屋计提的摊销费
利息支出	指开发企业为开发房地产借入资金所发生而不能直接计入某项开发成本的利息支出及相关的手续费，但应冲减使用前暂存银行而发生的利息收入。开发产品完工以后的借款利息，应作为财务费用，计入当期损益
其他费用	指上列各项费用以外的其他开发间接费用支出

从上述开发间接费用的明细项目中，可以看出它与土地征用及拆迁补偿费、建筑安装工程费等变动费用不同，它属于相对固定的费用，其费用总额并不随着开发产品量的增减而成比例的增减。但就单位开发产品分摊的费用来说，则随着开发产品量的变动而成反比例的变动，即完成开发产品数量增加，单位开发产品分摊的费用随之减少；反之，完成开发产品数量减少，单位开发产品分摊的费用随之增加。因此，超额完成开发任务，就可降低开发成本中的开发间接费。

（二）开发间接费用的归集

为了简化核算手续，将它先计入“开发间接费用”科目，然后按照适当分配标准，将它分配计入各项开发产品成本。企业所属各内部独立核算单位发生的各项开发间接费用，都要自“应付职工薪酬”“累计折旧”“递延资产”或“长期待摊费用”“银行存款”“周转房——周转房摊销”等科目的贷方转入“开发间接费用”科目的借方。

（三）开发间接费用的分配

每月终了，应对开发间接费用进行分配，按实际发生数计入有关开发产品的成本。开发间接费用的分配方法包括占地面积法、建筑面积法、直接成本法和预算造价法等，企业可根据开发经营的特点自行确定。

不论土地开发、房屋开发、配套设施和代建工程，均应分配开发间接费用。为了简化核算手续并防止重复分配，应计入房屋等开发成本的自用土地和不能有偿转让的配套设施的开发成本，均不分配开发间接费用。这部分开发产品应负担的开发间接费用，可直接分配计入有关房屋开发成本。也就是说，企业内部独立核算单位发生的开发间接费用，可仅对有关开发房屋、商品性土地、能有偿转让配套设施及代建工程进行分配。

开发间接费用的分配标准，可按月份内各项开发产品实际发生的直接成本（包括土地征用及拆迁补偿费或批租地价、前期工程费、基础设施费、建筑安装工程费、配套设施费）进行分配。

【例 4-11】开发间接费用的分配

A 房地产开发企业某内部独立核算单位在 2×17 年 5 月份共发生了开发间接费用 41 600 元，应分配开发间接费各开发产品实际发生的直接成本如表 4-2 所示。

表 4-2　开发产品直接成本明细表

开发产品编号名称	直接成本
101 商品房	50 000
102 商品房	120 000
151 出租房	75 000
181 周转房	70 000
201 大配套设备——酒店	80 000
301 商品性土地	125 000
合计	520 000

根据上述资料，即可为各开发产品计算 5 月份应分配的开发间接费。

分配比率 =41 600/520 000×100%=8%

102 商品房 =120 000×8% =9 600（元）

151 出租房 =75 000×8% =6 000（元）

181 周转房 =70 000×8% =5 600（元）

201 大配套设施 =80 000×8% =6 400（元）

301 商品性土地 =125 000×8% =10 000（元）

该公司应编制如下会计分录。

借：开发成本——房屋开发成本　　25 200
　　开发成本——配套设施开发成本　　6 400
　　开发成本——商品性土地开发成本　　10 000
　　贷：开发间接费用　　41 600

4.3　公共配套设施费的会计核算

4.3.1　成本对象的核算和确定

（一）公共配套设施的分类

房地产开发企业开发的公共配套设施，可以分为如下两类。

（1）在开发小区内开发不能有偿转让的公共配套设施，如居委会、派出所、消防设施、幼儿园、自行车棚、水塔、锅炉房等。

（2）能有偿转让的城市规划中规定的大型配套设施项目，包括：开发小区内营业性公共配套设施，如商店、银行、邮局等；开发小区内非营业性配套设施，如中小学、文化站、医院等；开发项目之外的、为居民服务的给排水、供电、供气设施及交通道路等。

第 2 类的公共配套设施，如果没有投资来源，不能有偿转让，也将它归人第 1 类中，计入房屋开发成本。

（二）支出的核算原则

为了正确核算和反映企业开发建设中各种公共配套设施所发生的支出，并准确地计算房屋开发成本和配套设施的开发成本，对公共配套设施支出的核算原则如下。

（1）对于在开发小区内不能有偿转让的公共配套设施，不能直接计入有关房屋开发成本，应在“开发成本——公共配套设施”科目下核算。如果工程规模较大，可以将各公共配套设施作为成本核算对象。如果工程规模不大，与其他项目建设地点较近，且开竣工时间相差不多，并由同一施工单位施工的，也可考虑将它们合并作为一个成本核算对象。

对于只为一个单体开发项目服务的、应摊入开发项目成本且造价较低的配套设施，可以不单独作为成本核算对象，发生的开发费用直接计入单体开发项目的成本。

（2）能有偿转让的城市规划中规定的大型公共配套设施项目，应以各配套设施项目作为成本核算对象，以正确计算各配套设施的开发成本。

根据公共设施的核算原则，对配套设施支出的归集分为三种情况（见表 4-3），即是在配套设施开发成本中核算的配套设施支出，只包括不能直接计入有关房屋等成本核算对象的不能有偿转让的配套设施支出和能有偿转让的大型公共配套设施支出。

表 4-3 公共配套设施支出的归集

情况	会计核算
对能分清并直接计入某个成本核算对象的第一类配套设施支出	可直接计入有关房屋等开发成本，并在“开发成本——房屋开发成本”科目中归集其发生的支出
对不能直接计入有关房屋开发成本的第一类配套设施支出	应先在“开发成本——公共配套设施”科目进行归集，于开发完成后再按一定标准分配计入有关房屋等开发成本
对能有偿转让的第二类大配套设施支出	应在“开发成本——公共配套设施”科目进行归集

4.3.2 会计核算方法

（一）预提公共配套设施费

由于小区的开发时间较长，所以在开发小区时先建房屋，后建公共配套设施。当房屋建好或已经出售时，很可能有的公共配套设施尚未完工。这种房屋开发与配套设施建设的时间差，使得那些已具备使用条件并已出售的房屋应负担的配套设施费，无法接配套设施的实际开发成本进行结转和分配，只能以未完成配套设施的预算成本或计划成本为基数，计算出已出售房屋应负担的数额，用预提方式计入出售房屋等的开发成本。

值得注意的是，并不是所有的公共配套设施都可以预提成本，只有不能有偿转让的公共配套设施在尚未完工的情况下，且公共配套设施必须符合已在售房合同、协议等之中明确承诺建造且不可撤销，或按照法律法规规定必须配套建造的条件，才可以按照预算成本预提建造费用。能有偿转让的公共配套设施则不能预提成本。

预提公共配套设施费的步骤如下。

（1）预提成本。预提公共配套设施时，根据预提金额，借记“开发成本——公共配套设施费——具体成本对象”等科目，贷记“应付账款——预提费用”。

（2）实际发生费用。实际发生公共配套设施费时，按支付款项的金额，借记“应付款项——预提费用”科目，贷记“银行存款”“应付账款——应付工程款”科目。

（3）完工结算。当成本结算完成，对已经按照预提成本结转的销售成本和资产账面价值以及开发产品成本进行调整。如果实际成本大于预提成本，按其差额，借记“主营业务成本”“投资性房地产”“固定资产”“开发产品”等科目，贷记“银行存款”“应付账款——应付工程款”等科目。如果实际成本小于预提成本，按其差额，借记“应付账款——预提费用”科目，贷记“主营业务成本”“投资性房地产”“固定资产”“开发产品”等科目。

开发产品预提的配套设施费的计算，一般可按以下公式进行。

某项开发产品预提的公共配套设施费 = 该项开发产品预算成本（或计划成本）× 公共配套设施费预提率

公共配套设施费预提率 = 该公共配套设施的预期成本（或计划成本）÷ 应负担该公共配套设施费各开发产品的预算成本（或计划成本）合计

上式中，应负担配套设施费的开发产品一般应包括开发房屋、能有偿转让在开发小区内开发的大配套设施。

【例 4–12】预提公共配套设施费的会计核算

A 房地产开发小区内幼托所设施开发成本应由 B 商品房、C 公寓、D 写字楼、E 商铺和 F 配套设施商店负担。由于幼托所设施在商品房等完工出售时尚未完工，为了及时结转完工的商品房等成本，应先将幼托设施配套设施费预提计入商品房等的开发成本。假定各项开发产品和幼托所设施的预算成本如下：商品房 2 000 万元、公寓 500 万元、写字楼 600 万元、商铺 400 万元、商店 1 500 万元、幼儿园 125 万元。

幼儿园设施配套设施预提率 =125÷（2 000+500+600+400+1 500）×100%=2.5%

各项开发产品预提幼托设施的配套设施费如下。

商品房 =2000×2.5%=50（万元）

公寓 =500×2.5%=12.5（万元）

写字楼 =600×2.5%=15（万元）

商铺 =400×2.5%=10（万元）

商店 =1500×2.5%=37.5（万元）

（1）预提公共配套设施费时

借：开发成本——商品房——公共配套设施费　　500 000
　　　　　　——公寓——公共配套设施费　　125 000
　　　　　　——写字楼——公共配套设施费　　150 000
　　　　　　——商铺——公共配套设施费　　100 000
　　　　　　——商店——公共配套设施费　　375 000
　贷：应付账款——预提费用　　1 250 000

（2）支付配套设施建造时

借：应付账款——预提费用　　1 250 000
　贷：银行存款 / 应付账款　　1 250 000

按预提率计算各项开发产品的公共配套设施费时，其与实际支出数的差额，应在配套设施完工时，按预提数的比例，调整增加或减少有关开发产品的成本。假设本例中实际支出数为 1 300 000 元。

（3）配套设施完工时（实际成本大于预提成本）

如果开发产品没有全部销售完，则账务处理如下。

借：开发产品　　50 000

　　贷：银行存款 / 应付账款　　50 000

如果开发产品已全部销售完，则账务处理如下。

借：销售费用——其他　　50 000

　　贷：银行存款 / 应付账款　　50 000

（二）公共配套设施费的会计核算方法

（1）对于不能有偿转让的公共配套设施支出的核算包括两种情况：配套设施单独作为成本对象的核算和配套设施不作为成本对象的核算。具体会计核算如下。

①配套设施单独作为成本对象核算的不能有偿转让的公共配套设施开发成本，通过“开发成本——具体成本对象——公共配套设施”科目进行核算，并于会计期末按照一定的分配标准分配给各受益对象。

②配套设施不作为成本对象核算的不能有偿转让的公共配套设施开发成本，如果只为单个开发项目服务的，则应计入开发项目成本。这时，企业应借记“开发成本——具体成本对象”科目，贷记“银行存款”“应付账款”等科目。

（2）能有偿转让的公共配套设施项目应该通过“开发成本——具体成本对象——成本项目”账户进行核算，企业自用的应按建造固定资产进行核算除外。

对能有偿转让的公共配套设施分配的不能有偿转让的公共配套设施支出，应计入能转让公共配套设施开发成本的明细账的“公共配套设施”，即借记“开发成本——具体成本对象（能有偿转让）——公共配套设施”，贷记“开发成本——具体成本对象（不能有偿转让）——公共配套设施”。

企业对能有偿转让的公共配套设施分配的开发间接费用，应计入各能有偿转让的公共配套设施明细账的“开发间接费”，借记“开发成本——具体成本对象——公共配套设施”，贷记“开发间接费用”。

【例 4-13】公共配套设施费的会计核算方法

A房地产开发企业根据建设规划要求，在开发小区内负责建设一间商店和一座水塔、一所幼托所。上述设施均发包给施工企业施工，其中商店建成后，有偿转让给商业部门。水塔和幼托所的开发支出按规定计入有关开发产品的成本。水塔与商品房等同步开发，幼托与商品房等不同步开发，其支出经批准采用预提办法。

上述各配套设施共发生了下列有关支出（单位：万元）。

表 4-4 公共配套设施支出明细表

项目	商店	水塔	幼托所	合计
支付征地拆迁费	1 500	50	100	1 650
支付承包设计单位前期工程款	30	10	20	60
应付承包施工企业基础设施工程款	100	5	10	115
应付承包施工企业建筑安装工程款	1 200	30	50	1 280
分配水塔设施配套设施费	5	-5		0
分配开发间接费	40			40
预提幼托设施配套设施费	5			5
合计	2 880	90	180	3 150

A房地产开发企业相关账务处理如下。

（1）用银行存款支付征地拆迁费时

借：开发成本——商店——土地征用及拆迁补偿费

——拆迁补偿费——公共配套设施　　15 000 000

开发成本——水塔——土地征用及拆迁补偿费

——拆迁补偿费——公共配套设施　　500 000

开发成本——幼托所——土地征用及拆迁补偿费

——拆迁补偿费——公共配套设施　　1 000 000

贷：银行存款　　16 500 000

（2）用银行存款支付设计单位前期工程款时

借：开发成本——商店——前期工程款——公共配套设施　　300 000

——水塔——前期工程款——公共配套设施　　100 000

——幼托所——前期工程款——公共配套设施 200 000

贷：银行存款 600 000

（3）将应付施工企业基础设施工程款和建筑安装工程款入账时

借：开发成本——商店——基础设施费——公共配套设施 1 000 000

——水塔——基础设施费——公共配套设施 50 000

——幼托所——基础设施费——公共配套设施 100 000

——商店——建造安装工程费——公共配套设施 1 200 000

——水塔——建造安装工程费——公共配套设施 300 000

——幼托所——建造安装工程费——公共配套设施 500 000

贷：应付账款——应付工程款 12 800 000

（4）按规定应将开发成本分配计入商品房等开发产品成本的不能转让的公共配套设施，如上述水塔设施，在完工验收后，企业应将其发生的实际开发成本按一定的标准（有关开发产品的实际成本、预算成本或计划成本），分配计入有关房屋和能转让公共配套设施的开发成本，作如下账务处理。

借：开发成本——商品房 900 000

——商店——公共配套设施费——公共配套设施 50 000

贷：开发成本——土地征用及拆迁补偿费——公共配套设施 500 000

——前期工程款——公共配套设施 100 000

——基础设施费——公共配套设施 50 000

——建造安装工程费——公共配套设施 300 000

（5）分配应计入商店配套设施开发成本的开发间接费用时

借：开发成本——商店——开发间接费——公共配套设施 400 000

贷：开发成本——开发间接费 400 000

（6）预提应由商店配套设施开发成本负担的幼托所设施支出时

借：开发成本——商店——公共配套设施费——公共配套设施 50 000

贷：应付账款——预提费用 50 000

（7）对能有偿转让给有关部门的公共配套设施，如上述商店设施，企业应在完工验收后将其实际成本自“开发成本——商店——公共配套设施”的贷方转入“开发产品——商店——公共配套设施”账户的借方，具体如下。

借：开发产品——商店——公共配套设施 28 800 000

贷：开发成本——商店——土地征用及拆迁补偿费

——拆迁补偿费——公共配套设施 15 000 000

——前期工程款——公共配套设施 300 000

——基础设施费——公共配套设施 1 000 000

——建造安装工程费——公共配套设施 1 200 000

——公共配套设施费——公共配套设施 100 000

——开发间接费——公共配套设施 400 000

能有偿转让的公共配套设施有偿转让收入，应作为销售收入处理。

（8）对用预提方式将配置设施支出计入有关开发产品成本的公共配套设施，如幼托所等设施，企业应在完成验收后，将其实际发生的开发成本冲减预提的配套设施费，作如下账务处理。

借：开发成本——商品房 1 750 000

应付账款——预提费用 50 000

贷：开发成本——幼托所——土地征用及拆迁补偿费

——拆迁补偿费——公共配套设施 1 000 000

——前期工程款——公共配套设施 200 000

——基础设施费——公共配套设施 100 000

——建造安装工程费——公共配套设施 500 000

如预提配套设施费大于或小于实际开发成本，可将其多提数或少提数冲减有关开发产品成本或作追加分配。如有关开发产品已完工并办理竣工决算，企业可将其差额冲减或追加分配于尚未办理竣工决算的开发产品的成本。

4.4 土地开发成本与代建工程成本会计核算

4.4.1 土地开发成本的会计核算

房地产企业开发的土地，按其用途可以分为：第一，为了转让、出租而开发的商品土地；第二，为开发商品房而开发的自用土地。前者是企业的最终开发产品，其费用支出单独构成土地的开发成本；而后者则是企业的中间开发产品，其费用支出应计入房屋开发成本。

企业开发的土地，开发的层次、程度和内容都不相同，有的只是进行场地的清理平整，如原有建筑物、障碍物的拆除和土地的平整；有的除了场地平整外，还要进行地下各种管线的铺设、地面道路的建设等。因此，企业要根据所开发土地的具体情况设置土地开发项目的成本项目。根据土地开发支出的一般情况，企业对土地开发成本的核算，可设置如下几个成本项目：土地征用及拆迁补偿费；前期工程费；基础设施费；开发间接费。其中，土地征用及拆迁补偿费是指按照城市建设总体规划进行土地开发所发生的土地征用费、耕地占用税、劳动力安置费，及有关地上、地下物拆迁补偿费等，对拆迁旧建筑物回收的残值应入账并冲减有关成本；前期工程费是指土地开发项目前期工程发生的费用，包括规划、设计费，项目可行性研究费，水文、地质勘察、测绘费，场地平整费等；基础设施费是指土地开发过程中发生的各种基础设施费，包括道路、供水、供电、供气、排污、排洪、通信等设施费用；开发间接费是指应由商品性土地开发成本负担的开发间接费。

【例 4-14】土地开发成本的会计核算

A 房地产开发企业受市政府委托，对一块面积为 10 万平方米的地块进行土地储备整理，并于 2×17 年 11 月内，共发生了下列有关土地开发支出。

（1）11 月 5 日，用现金支付征地拆迁费 150 万元。

（2）11 月 11 日，用银行存款支付规划设计单位 210 万元设计费用。

（3）11 月 20 日，用银行存款支付施工单位占万元管道施工费用。

（4）本月发生开发间接费 4 万元，根据企业各开发项目的投入情况，应分配计入该土地开发项目 2 万元，于 11 月 30 日进行了费用的分摊结转。

A 企业的账务处理如下。

（1）核算土地征用及拆迁补偿费时

借：开发成本——土地开发成本——土地征用及拆迁补偿费　1 500 000

　　贷：银行存款　1 500 000

（2）核算前期费用时

借：开发成本——土地开发成本——前期费用　　2 100 000

　　贷：银行存款　　2 100 000

（3）核算配套设施费时

借：开发成本——土地开发成本——配套设施费　　50 000

　　贷：银行存款　　50 000

（4）核算开发间接费用时

借：开发成本——土地开发成本——开发间接费用　　20 000

　　贷：开发间接费用　　20 000

已完工土地开发成本的结转，应根据已完成开发土地的用途，采用不同的成本结转方法。为转让、出租而开发的商品性土地，在开发完成并经有关部门验收后，企业应将其实际成本从“开发成本——土地开发成本”账户的贷方转入“开发产品”账户的借方。

【例 4-15】结转土地开发成本的会计核算

假如上例中的地块累计支出 100 万元后，完工并办理了验收手续，应作如下会计分录。

借：开发产品　　1 000 000

　　贷：开发成本　　1 000 000

为本企业商品房开发用的土地，应于土地开发完成并投入使用时，将土地开发的实际成本结转计入有关商品房等项目的开发成本，结转计入开发成本的土地开发支出。

【例 4-16】结转土地开发成本的会计核算

假如 A 企业拍卖得到了某成片危改地块，可用于开发别墅、多层和高层住宅，假设上述地块系其中的一部分，用于营建高档别墅，则自该地块开发完成后，企业应作如下会计分录。

借：开发成本——房屋开发成本——土地征用及拆迁补偿费 1 000 000

　　贷：开发成本——土地开发成本　　1 000 000

4.4.2　代建工程成本核算

代建工程是指房地产开发企业接受委托单位的委托，代为开发的各种工程，包括土地、房屋、市政工程等。

房地产开发企业发生的各项代建工程支出和对代建工程分配的开发间接费用，应计入“开发成本——代建工程”科目的借方和“银行存款”“应付账款——应付工程款”“库存材料”或者“原材料”等科目的贷方。同时，房地产开发应按照成本核算对象和成本项目分别归集各个代建工程开发成本明细分类账。代建工程开发成本明细分类账的格式，基本上和房屋开发明细分类账相同。

企业应将完成全部开发过程并经验收的代建工程的实际开发成本自“开发成本——代建工程”科目的贷方转入“开发产品”科目的借方。在将代建工程移交委托代建单位、办妥工程借款结算手续后，房地产开发企业应将代建工程开发成本自“开发产品”科目的贷方转入“主营业务成本”科目的借方。

4.5　开发完工产品成本的结转

4.5.1　开发完工产品的确认条件

开发产品是指企业已经完成全部开发过程，并已验收合格，可以按照合同规定的条件移交购买单位，或者可以作为商品对外销售的产品。通常，符合下列条件之一的情形，应视为开发产品已经完工。

（1）开发产品竣工证明材料已报房地产管理部门备案。

（2）开发产品已开始投入使用。

（3）开发产品已取得了初始产权证明。

开发产品完工后交付使用，会计上要确认收入，房地产开发企业应按规定及时对开发产品进行成本的结转，“开发成本”归集的成本费用相应按照已售建筑面积占可售建筑面积的比例结转销售成本。

4.5.2 开发产品成本的核算

开发产品完工前发生的成本费用通过“开发成本”科目反映。“开发成本”项目包括如下内容。

（1）土地征用费及拆迁补偿费，指房地产开发企业为取得土地开发使用权（或开发权）而发生的各项费用，主要包括土地买价或出让金、市政配套费、契税、耕地占用税、土地使用费、土地闲置费、土地变更用途和超面积补交的地价及相关税费、拆迁补偿支出、安置及动迁支出、回迁房建造支出、农作物补偿费、危房补偿费等。

（2）前期工程费，指项目开发前期发生的水文地质勘察、测绘、规划、设计、可行性研究、筹建、场地通平等前期费用。

（3）建筑安装工程费，指开发项目开发过程中发生的各项建筑安装费用，主要包括开发项目建筑工程费和开发项目安装工程费等。

（4）基础设施建设费，指开发项目在开发过程中所发生的各项基础设施支出，主要包括开发项目内道路、供水、供电、供气、排污、排洪、通讯、照明等社区管网工程费和环境卫生、园林绿化等园林环境工程费。

（5）公共配套设施费，指开发项目内发生的、独立的、非营利性的，且产权属于全体业主的，或无偿赠与地方政府、政府公用事业单位的公共配套设施支出。

（6）开发间接费，指企业为直接组织和管理开发项目所发生的，且不能将其归属于特定成本对象的成本费用性支出，主要包括管理人员工资、职工福利费、折旧费、修理费、办公费、水电费、劳动保护费、工程管理费、周转房摊销以及项目营销设施建造费等。

在开发产品完工前，预售收入是不进行损益结转，所以“开发成本”科目累计借方发生额或期末余额反映了开发产品项目成本费用的实际投入。

成本核算对象的成本归集完成后，需要确定哪些成本核算对象是开发产品，哪些不是开发产品。不能转让的公共配套设施不是开发产品成本的核算对象，其各项费用支出属于待分摊公共配套设施成本（共同成本），归集的成本按照收益原则和配比原则分摊到开发产品中。

房地产企业在结转开发产品成本时，先通过成本的归集和分配，确定各成本核算对象的开发总成本，然后，再将不是开发产品的成本核算对象中归集的成本按照建筑面积法分摊到开发产品中，最终确定产品的开发总成本。在实际操作中，房地产企业一般采用成本核算对象成本明细表来完成这一过程，如表 4-5 所示。

表 4-5　成本核算对象成本明细表

单位：元

<table>
<tr><th colspan="2">成本项目</th><th colspan="3">成本核算对象</th><th colspan="3">待分摊配套设施成本</th><th rowspan="2">合计</th><th rowspan="2">分摊方法
简要说明</th></tr>
<tr><th>一级</th><th>二级</th><th>多层</th><th>高层</th><th>别墅</th><th>学校</th><th>会所</th><th>幼托所</th></tr>
<tr><td>土地征用及拆迁补偿费</td><td></td><td></td><td></td><td></td><td></td><td></td><td></td><td></td><td></td></tr>
<tr><td>前期工程费</td><td></td><td></td><td></td><td></td><td></td><td></td><td></td><td></td><td></td></tr>
<tr><td>基础设施费</td><td></td><td></td><td></td><td></td><td></td><td></td><td></td><td></td><td></td></tr>
<tr><td>建筑安装工程费</td><td></td><td></td><td></td><td></td><td></td><td></td><td></td><td></td><td></td></tr>
<tr><td>公共配套设施费</td><td></td><td></td><td></td><td></td><td></td><td></td><td></td><td></td><td></td></tr>
<tr><td>开发间接费</td><td></td><td></td><td></td><td></td><td></td><td></td><td></td><td></td><td></td></tr>
<tr><td rowspan="3">待分摊配套设施成本</td><td>学校</td><td></td><td></td><td></td><td></td><td></td><td></td><td></td><td></td></tr>
<tr><td>会所</td><td></td><td></td><td></td><td></td><td></td><td></td><td></td><td></td></tr>
<tr><td>幼托所</td><td></td><td></td><td></td><td></td><td></td><td></td><td></td><td></td></tr>
<tr><td>成本合计</td><td></td><td></td><td></td><td></td><td></td><td></td><td></td><td></td><td></td></tr>
</table>

续表

成本项目		成本核算对象			待分摊配套设施成本			合计	分摊方法简要说明
建筑面积（平方米）									
单位建筑面积成本									
销售面积（平方米）									
单位销售面积成本									

4.5.3 结转完工开发产品成本

房地产开发企业在结转完工产品开发成本时，应注意以下几个方面：对于本期发生的应该由前期、本期或后期项目分摊的支出，应按照权责发生制原则做待摊处理；在结转完工开发产品成本前，要跟企业各部门沟通，确认开发成本并没有应该属于待结转产品承担的成本且还没有发生的情况，防止遗漏某部分开发成本；在复核开发成本的完整性时，需要重点关注报批报建项目和项目后期待建的公告配套设施。如有应支未支的报批报建项目，应根据相关收费文件和收费标准等规定进行预提。对项目规划应该建设而计划在后期项目建设的应在本期分摊的公告配套设施等成本支出，应该按照成本分摊原则进行预提。

在开发产品完工后，房地产开发企业对已完成开发过程的商品房、代建房、出租房、周转房等产品，应在竣工验收以后将其开发成本结转“开发产品”或“库存商品”科目。会计人员应根据房屋开发成本明细分类账记录的完工房屋实际成本，计入“开发产品”或“库存商品”科目的借方和“开发成本”科目的贷方。“开发产品”或“库存商品”科目应按房屋类别分别设置商品房、代建房、出租房、周转房等二级科目，并按各成本核算对象进行明细分类核算。

房地产开发产品的成本明细表格式如表 4-6 所示。

表 4-6　开发产品成本明细表

产品名称 成本项目	多层	高层	公寓	别墅	合计
土地征用及拆迁补偿费					
前期工程费					
基础设施费					
建筑安装工程费					
配套设施费					
开发间接费					
成本合计					
建筑面积（平方米）					
单位建筑面积成本					
销售面积（平方米）					
单位销售面积成本					

4.5.4　结转开发产品销售成本

通常情况下，房地产开发企业的销售行为在开发产品完工前即已开始，完工后还会继续下去，直至开发产品售出完毕。开发产品完工前不结转销售成本，完工后根据配比原则对应结转已售部分的开发成本。

会计期末，根据收入确认原则分产品确认实现的销售收入和销售面积，同时根据实现的销售面积结转相应的开发产品销售成本。

结转的已实现销售开发产品成本 = 实现的销售面积 × 该开发产品单位面积成本

房地产开发企业结转已实现销售开发产品的成本时，相应的账务处理为：借记“主营业务成本”科目，贷记“开发产品”科目。房地产开发企业结转销售成本时，需编制销售产品成本明细表，如表 4-7 所示。该表用于详细登记实现销售的每套房源信息。

表 4-7　销售产品成本明细表

项目分期：　　　　　　面积：　　　　　　　　平方米　　　　金额：　　　元

项目档案	公寓	车位	底商	合计	备注
本期总面积					实测面积
本期总成本					
单位成本					
待结转总面积					
待结转总成本					
本次结转面积					
本次结转成本					
未结转总面积					
未结转总成本					
未结转比例					

开发产品成本结转完后，若再次发生成本支出，则会造成开发产品成本与实际成本不符，会出现成本差异。在发生差异的开发产品已经全部销售的情况下，成本差计入“销售费用——其他”科目；在没有全部销售的情况下，发生的成本差先通过“开发成本”科目归集，然后转入“开发产品”科目，调整剩余开发产品成本，重新计算未售开发产品单位面积成本。

第5章

卖了，才算赚了——转让及销售阶段的会计核算

房地产转让及销售阶段是房地产开发企业取得收入、实现资金回笼的重要阶段。房地产开发企业的主要业务是从事土地、房屋和其他建筑物的开发和经营，故此阶段的主要业务是转让开发的土地、销售商品房及其他建筑物。会计处理上不仅要进行预售房的业务核算，还要对收入进行核算。

5.1　转让及销售阶段业务概述

房地产开发企业的转让及销售阶段的业务包括转让土地使用权、销售房屋及其他建筑物、附着物、配套设施等。

5.1.1　土地使用权转让

土地使用权的转让是指房地产开发企业通过出让等形式取得土地使用权后，将土地使用权再转让的行为，包括出售、交换和赠与，属于土地买卖的二级市场。根据《城市房地产管理法》和《城市房地产转让管理规定》的规定，房地产权利人可以通过买卖、赠与或者其他合法方式将其房地产转让予他人或法律实体。房屋转让时，房屋所有权和该房屋所在地的土地使用权需同时转让，房地产转让当事人须签订书面房地产转让合同并须在房地产转让合同签订后90日内向房地产所在地的房地产管理部门办理转让登记备案手续。

土地使用权转让的条件如表 5-1 所示。

表 5-1　土地使用权转让的条件

1	如果以出让方式初步取得土地使用权，则须符合下列条件后方可转让房地产：按照出让合同约定已经支付全部土地使用权出让金，并取得土地使用权证；按照出让合同约定进行开发且属于房屋建设工程的项目，开发项目须占完成投资总额 25% 以上
2	以出让方式初步取得土地使用权的，则转让房地产后，其土地使用权的使用年限为原土地使用权出让合同约定的使用年限减去原土地使用者已经使用年限后的剩余部分
3	受让人拟改变原出让合同约定的土地用途，则必须首先取得原出让方和有关市或县人民政府规划行政主管部门的同意，签订土地使用权出让合同变更协议或重新签订土地使用权出让合同，对土地使用权出让金作出相应调整
4	以划拨方式取得土地使用权，则转让土地使用权须按照国务院的规定，报有批准权的人民政府审批，否则，须由受让方办理土地使用权出让手续，并依照有关法律规定缴纳出让金
5	房地产开发企业开发的商品性土地，可以将土地使用权进行转让。但在向其他单位转让时，必须按照法律和合同的规定，投入相当的资金，完成相应的开发
6	土地使用权的转让，转让双方应签订转让合同，并在合同中载明土地的位置、四周边界和面积、地上附着物、土地用途、建筑物高度、绿化面积、土地转让期限、土地转让金的支付方式和违约责任等
7	土地转让的交易方式，可以采用协议、招标及拍卖等方式。土地转让的价格，受地理位置、经济环境、土地用途、土地转让期限和房地产市场供求等因素影响

5.1.2　商品房销售

商品房销售根据开始销售的时间不同分为商品房预售和商品房现售；根据销售主体的不同分为自行销售和委托代理销售，委托代理销售包括视同买断、手续费和保底加提成等；商品房销售根据付款方式不同可以分为一次性付款、分期付款和按揭付款等。

（一）商品房预售与现房销售

根据《商品房销售管理办法》的规定，商品房销售包括商品房预售和商品房现售。

1. 商品房预售

商品房预售是指房地产开发企业将正在施工建设中的商品房预先出售给承购人，并由承购人支付定金或者房价款的行为。商品房预售实行许可制度。房地产开发企业进行商品房预售应当向房地产管理部门申请预售许可，取得商品房预售许可证，未取得商品房预售许可证的，不得进行商品房预售。

商品房预售的条件如图5-1所示。

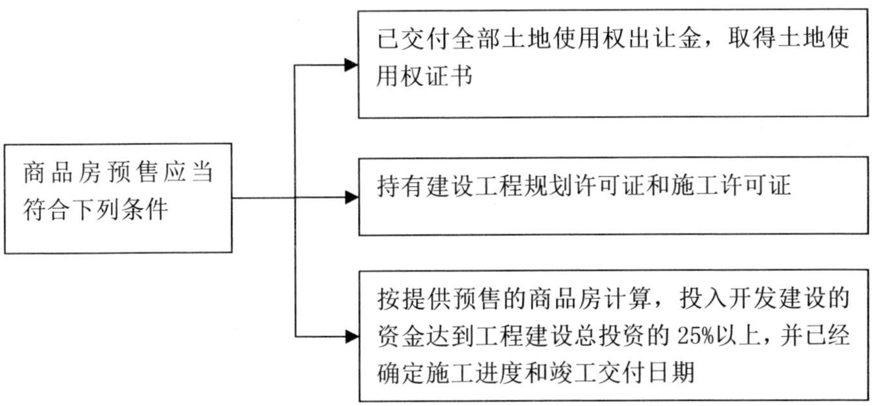

图5-1　商品房预售的条件

2. 商品房现售

商品房现售是指房地产开发企业将竣工验收合格的商品房出售给承购人，并由承购人支付房价款的行为。商品房现售的条件如图5-2所示。

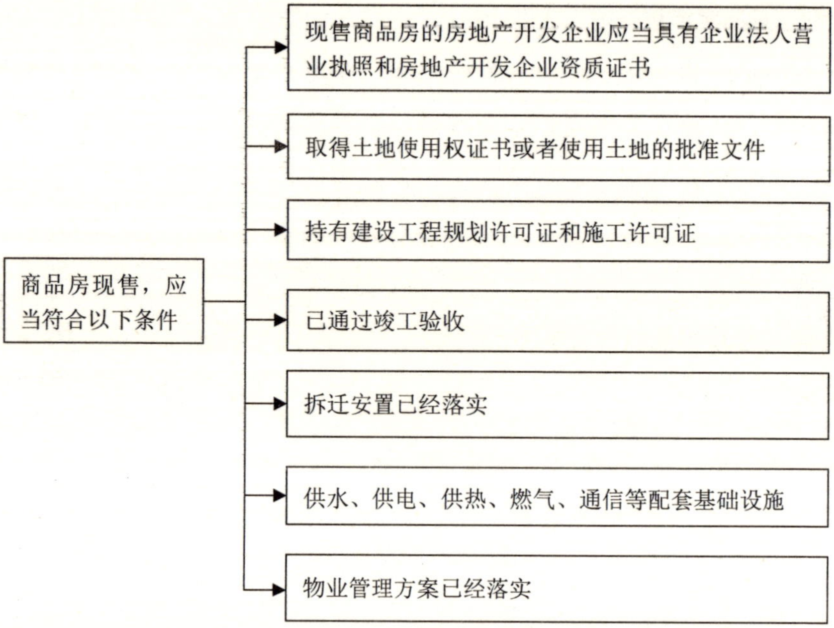

图 5-2　商品房现售的条件

房地产开发企业应当在商品房现售前将房地产开发项目手册及符合商品房现售条件的有关证明文件报送房地产开发主管部门备案。

（二）自行销售与委托销售

房地产开发企业的商品房销售可以自行销售商品房，也可以委托房地产中介服务机构代理销售商品房。采取委托方式销售开发产品的，主要有以下方式。

（1）采取支付手续费方式委托销售开发产品的。

（2）采取视同买断方式委托销售开发产品的。

（3）采取基价（保底价）并实行超基价双方分成方式委托销售开发产品的。

（4）采取包销方式委托销售开发产品的。

（三）一次性付款、分期付款、按揭付款

承购人购买商品房，可以根据持有的资金情况，选择不同的付款方式，

具体的付款方式如表 5-2 所示。

表 5-2　付款方式

一次性付款	一般而言，一次性付款要求承购人付清定金后 10~30 天内补足所有房款。此种付款方式下，房地产开发企业给予一定的价格折扣，相对而言比较优惠，但一次性付款涉及大额款项支出
分期付款	分期付款是指承购人按照销售合同约定的价款和付款日期分期支付购房款。 分期付款分为三种：预收款销售商品房，指在商品房交付前按合同或协议约定分期付款，房地产开发企业在收到最后一笔款项才将商品房交付承购人的销售方式；分期收款销售商品房，指商品房已交付承购人，承购人按合同或协议约定分期支付购房款；以上两种方式的结合，指在商品房交付前，承购人已按销售合同约定分期支付部分房款，交付后分期支付余款的销售方式
按揭付款	按揭付款即购房抵押按揭贷款，是指承购人支付首付款，余款以所购商品房作抵押，向银行申请贷款，由银行先行支付房款给开发商，承购人按月向银行分期支付本息的付款方式。按揭贷款实行双重担保，即“抵押加保证”，借款人（即承购人）以所购的住房给贷款银行做抵押，在借款人取得该住房的房产证和办妥抵押登记之前，由开发商提供第二重担保（连带保证责任）。发放贷款时，贷款银行会收取一定比例的按揭保证金（一般为贷款额的 10%），作为开发商承担连带保证责任的保证金。一旦借款人发生违约情形，贷款银行有权从按揭保证金专户中直接扣收保证金，以此作为借款人违约拖欠贷款本息、罚息等的担保

按揭付款方式下，贷款额最高可达购房费用总额的 80%，具体的贷款额度由银行根据借款人的资信、经济状况和抵押物的审查情况来确定；贷款的最长期限不能超过 30 年；贷款利率按合同签订时人民银行公布的个人住房贷款利率执行，如果在合同执行期间遇到利率调整，贷款利率将采取一年一定的原则，在第二年的 1 月 1 日作相应调整。

贷款银行不同，按揭贷款的程序也不完全相同。房地产开发企业办理按揭贷款的程序如图 5-3 所示。

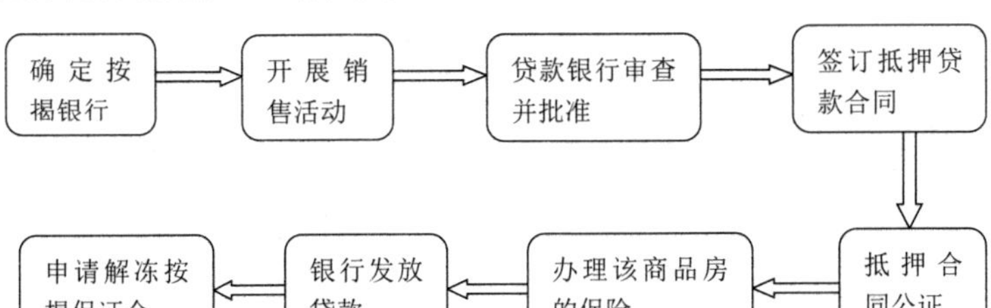

图 5-3　办理按揭贷款的程序

（1）确定按揭银行。房地产项目在对外销售之前，一般由房地产开发企业与银行签订按揭协议，约定由该银行对房地产开发企业的房地产项目提供按揭贷款，其中包括贷款的额度、最高年限和成数以及房地产开发企业的保证责任等。

（2）开展销售活动。房地产开发企业在取得项目的预售许可证后对社会公开销售，与承购人签订商品房买卖合同。采用按揭付款方式的，承购人按照申请的贷款成数支付首付款，剩余购房款向银行申请按揭贷款，并办理商品房买卖合同的登记手续。

（3）贷款银行审查并批准。贷款银行对经律师见证、公证处公证的提交资料进行审查，对合格者予以批准。

（4）签订抵押贷款合同及保证合同。银行与承购人签订抵押贷款合同，银行与房地产开发企业签订保证合同。

（5）抵押合同公证。抵押贷款合同签订后，到贷款银行认可的公证处办理相关公证手续。

（6）办理该商品房的保险。抵押期间保险单正本由贷款银行收押。

（7）贷款银行经审批提供文件资料后发放贷款。通常按贷款合同或保证合同的约定直接汇入房地产开发企业在贷款银行开立的银行账户。

（8）房产证办理完毕，房地产开发企业向贷款银行申请解冻按揭保证金。

（四）商品房销售流程

房地产开发企业商品房销售的主要流程包括前期策划、营销、取得预售许可证后开盘预售、签订协议或合同、交款、商品房交付和产权登记及办证等环节，如图 5-4 所示。

1. 前期策划及营销

房地产开发企业是以商品房销售为核心的企业，前期策划可能在拿地前进行，也可能在拿地后进行，主要工作是确定项目定位，准确定位目标市场，制定产品目标与发展计划，选择性价比最好的产品。前期策划是销售的重要阶段。此阶段决定了产品未来的销售状况。

房地产营销的目的是通过详细的介绍、生动的描述来塑造产品的形象，刺激顾客的购买欲。在销售阶段，房地产开发企业通常会采取一系列的营销手段。目前我国常用的营销方法包括广告、房地产展销会、活动推介及人员推销等。广告是房产营销手段中用得最多的一种方法。广告包括户外路牌展版广告、电视广告、电台广播和报纸杂志广告等。

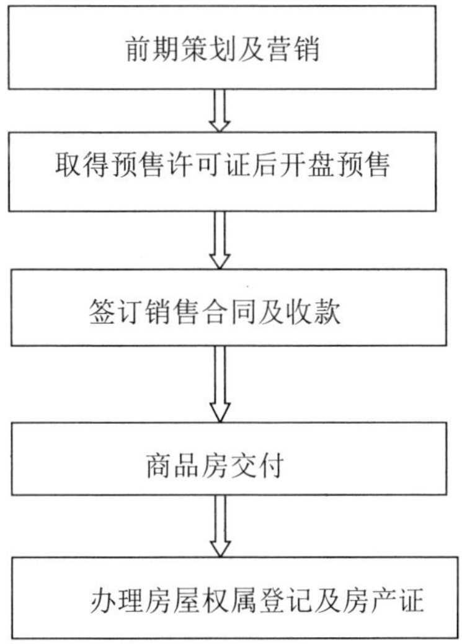

图 5-4　商品房销售流程

2. 取得预售许可证后开盘预售

项目开发建设达到规定条件的可以取得预售许可证，然后就可以确定开盘日期对外发售。开盘是指房地产开发企业在取得商品房预售许可证后开始对外公开发售商品房。房地产开发企业为成功地将开发的商品房推向市场，一般会在开盘日举行一个盛大的开盘仪式。

3. 签订销售合同及收款

开盘后，购房者即可到现场看房，有意向购买的客户即可与销售人员就房屋销售价格等合同条款进行协商，协商一致的签订商品房买卖合同，双方也可以对标准合同文本中的空白事项予以约定，需要签订补充协议的，双方商定具体补充内容。合同签订后，房地产开发企业要在规定时间内向当地房管部门办理备案。销售合同到房管部门办理备案登记后生效。合同签订后，承购人要根据所签合同约定的付款时间交纳房价款及其契税。

4. 商品房交付

房地产开发企业应当按照合同约定，将符合交付使用条件的商品房按期交付给承购人。

商品房交付必须符合交付使用条件，即入住条件。对于交付使用条件，我国的《中华人民共和国建筑法》《城市房地产管理法》和《城市房地产开发经营管理条例》都规定了建筑工程竣工经验收合格后，方可交付使用；未经验收或者验收不合格的，不得交付使用。同时，《中华人民共和国消防法》规定，单体必须经过消防验收，才能交付使用。

“三书一证一表”齐全是楼房质量经过国家有关部门权威认可的标准，是商品房交付使用的必要条件：“三书”是指住宅质量保证书、住宅使用说明书及建筑工程质量认定书；一证是指房地产开发建设项目竣工综合验收合格证；一表是指建筑工程竣工验收备案表。根据建设部《商品住宅实行住宅质量保证书和住宅使用说明书制度的规定》第三条：“房地产开发企业在向用户交付销售的新建商品住宅时，必须提供住宅质量保证书和住宅使用说明书。”房地产开发建设项目若验收合格，则将获得竣工综合验收合格证；若完成备案，则获得建筑工程竣工验收备案表。

另外，对于具体的交付使用条件，还要看具体的商品房买卖合同。可能在商品房买卖合同及其附件、补充协议中加以约定，如将公共配套设施验收合格（包括水、电、煤气、宽带、有线、安防、绿化、道路和电梯等）作为交付使用的条件，同时在合同中约定房地产开发企业未达到交付使用条件时的违约责任。符合交房条件的商品房即可按合同约定办理交付手续。

5. 办理房屋权属登记及房产证

房地产开发企业应当在商品房交付使用之日起 60 日内，将需要由其提供的办理房屋权属登记的资料报送房屋所在地房地产行政主管部门，并协助承购人办理土地使用权变更和房屋所有权登记手续。

5.1.3 销售其他建筑物

销售其他建筑物包括销售能有偿转让销售的配套设施、周转房等。

“配套设施”是指企业根据城市建设规划的要求，或开发项目建设规划的要求，为满足居住的需要而与开发项目配套建设的各种服务性设施。配套设施可以分为不能有偿转让的公共配套设施和能有偿转让的配套设施两类。建成后能够有偿转让的配套设施，房地产开发企业应单独核算其成本，作为开发产品对外销售。

周转房改变用途，可作为商品房对外销售。

5.1.4　代建工程

房地产开发企业的代建工程包括代建房屋、场地和城市道路、基础设施等市政工程。在房地产开发企业的实务中，代建工程存在两种形式，如表 5-3 所示。

表 5-3　代建工程的两种形式

第一种形式	第二种形式
第一种形式是受托方（房地产开发企业）与委托方（委托建房单位）实行全额结算（原票转交），只向委托方收取代建手续费的业务，就是说在建设过程中施工方、设计方、监理等不与受托方签订合同，而直接与委托方签订合同，受托方只收取一定代理费的房地产开发方式。 （1）由委托方自行立项。 （2）不发生土地使用权或产权转移。 （3）受托方不垫付资金，单独收取代建手续费（或管理费）。 （4）事先与委托方订有委托代建合同。 （5）施工企业将建筑业发票全额开具给委托方	第二种形式是受托方与委托方实行拨付结算，就是说在建设过程中施工方、设计方、监理等直接与受托方（房地产开发企业）签订合同，不与委托方签订合同，资金由委托方拨付给受托方，受托方再拨付给施工方、设计方、监理等。代建工程最后销售或移交给委托方，受托方不收委托方的代建手续费也不参与利润分配

知识链接　**商品房销售的几种模式**

一、商品房销售有哪几种方式

根据现行的法律法规等有关规定，目前商品房销售分为商品房现售和商品房预售。

商品房现售是指房地产开发企业将竣工验收合格的商品房出售给购房人，并由购房人支付房价款的行为。

商品房预售是指房地产开发企业将尚未竣工验收、正在建设中的商品房预先出售给买受人，并由买受人支付定金或房价款的行为。

二、商品房具备上市销售的条件

《商品房销售管理办法》第七条规定了商品房现售的条件，具体如下。

（1）现售商品房的房地产开发企业应当具有企业法人营业执照和房地产开发企业资质证书。

（2）取得土地使用权证书或者使用土地的批准文件。

（3）持有建设工程规划许可证和施工许可证。

（4）已通过竣工验收。

（5）拆迁安置已经落实。

（6）供水、供电、供热、燃气、通信等配套基础设施具备交付使用条件，其他配套基础设施和公共设施具备交付使用条件或者已确定施工进度和交付日期。

（7）物业管理方案已经落实。

而较之商品房现售，商品房预售对于购房人来说具有更大的法律风险，购房人面临着“半拉子工程”“烂尾楼”，甚至钱被开发商卷走，辛辛苦苦积攒一辈子的“家底”血本无存的风险。所以，国家对商品房预售做了更为严格的规定。

《城市商品房预售管理办法》第五条规定了商品房预售的条件，具体如下。

（1）已交付全部土地使用权出让金，取得土地使用权证书。

（2）持有建设工程规划许可证和施工许可证。

（3）按提供预售的商品房计算，投入开发建设的资金达到工程建设总投资的25%以上，并已经确定施工进度和竣工交付日期。

另外，开发企业预售商品房时，应当向房地产管理部门申请预售许可，并取得《商品房预售许可证》。未取得《商品房预售许可证》的，不得进行商品房预售。

5.1.5 其他业务收入

房地产开发企业的其他业务收入是指除主营业务收入以外的其他业务收入，包括商品房售后服务收入、材料销售收入等。

1. 商品房售后服务收入

房地产开发企业的商品房售后服务是指企业接受其他单位的委托，对已经销售出去的商品房进行管理，如房屋及其所属设备的维修、电梯看管、卫生清理和治安管理等劳务性的服务。企业提供的这种售后服务，可向用户收取服务费，形成商品房售后服务收入。

2. 材料销售收入

房地产开发企业的材料销售是指企业将多余的库存材料对外销售。房地产开发企业的开发周期比较长，项目开发结束后，通常需要把在开发阶段剩余的材料物资进行销售处理，这时，销售材料取得的价款构成企业的材料销售收入。

5.2　转让及销售的账务处理

5.2.1　商品房销售收入的会计核算

（一）商品房销售收入的确认

房地产开发企业对外销售商品房的，按照《企业会计准则》中商品销售收入的确认原则处理。由于企业会计准则是以原则导向为主的，会计准则中并没有针对房地产开发企业的收入确认作专门的规定，而是给出了收入确认的原则，具体需要会计人员根据《企业会计准则》及企业自身情况作出会计职业判断。

1. 企业已将商品所有权上的主要风险和报酬转移给购货方

企业已将商品所有权上的主要风险和报酬转移给购货方，构成确认销售商品收入的重要条件。判断“风险和报酬”是否转移非常重要，判断时需考虑以下因素。

首先，企业已将商品所有权上的主要风险和报酬转移给购货方，是指与商品所有权有关的主要风险和报酬同时转移。与商品所有权有关的报酬，是指商品价值增值或通过使用商品等产生的经济利益，在商品房预售情况下，如果商品房实现价值增值，则增值收益一般归承购人所有。与商品有关的风险，是指商品可能发生减值或毁损等形成的损失；在商品房预售情况下，如果商品房价值发生减值，价值减少的损失一般也由承购人承担，但是如果商品房发生毁损，对于毁损的损失就不一定承担。根据我国《中华人民共和国合同法》的规定，所有权转移的时间标准如表 5-4 所示。

表 5-4　所有权转移的时间标准

依合同约定时间	当事人可以在合同中约定标的物所有权转移的时间，约定的时间既可以是某一时间点，也可以是附转移条件，待条件成就时，所有权转移
交付完成时间	若合同未约定标的物所有权转移的时间，则所有权自标的物交付时转移
法律、法规规定的时间	法律、法规要求所有权转移须履行特殊手续的，则以该特殊手续办理完毕的时间为所有权转移时间

如果当事人在销售合同约定的风险和报酬转移的时点为“房产完工并验收合格”，那么房产完工并验收合格就是商品房所有权上的主要风险和报酬转移的时点。可见，与商品房所有权相关的风险和报酬转移并非一概而论，我们需要结合房地产开发企业的具体情况和销售合同的具体约定进行分析，并作出会计职业判断。

其次，判断企业是否已将商品所有权上的主要风险和报酬转移给购货方，应当关注交易的实质，并结合所有权凭证的转移进行判断。通常情况下，转移商品所有权凭证并交付实物后，商品所有权上的主要风险和报酬随之转移。某些情况下，转移商品所有权凭证但未交付实物，商品所有权上的主要风险和报酬随之转移，企业只保留了次要风险和报酬。有时已交付实物但未转移商品所有权凭证，商品所有权上的主要风险和报酬未随之转移。房地产开发企业需要从转移商品房所有权凭证和实物交付两个方面来进行分析。尽管商品房最终是以产权证上权利人主体的更替为所有权变更的主要标志，但由于买方取得商品房产权证的环节较为特殊，办理产权过户手续不仅受到房地产开发企业受理办理情况的影响，且产权证的办理涉及房地产管理、土地管理等政府有关部门，办妥产权证书的时间并非开发企业所能控制，如果此时确认收入，会导致收入滞后，将不符合收人确认原则。所以，尽管房屋产权证书是房屋所有权的标志，但并非是确认收入的必要条件。

另外，在房地产销售中，房地产的法定所有权转移给买方，通常表明其所有权上的主要风险和报酬也已转移，企业应确认销售收入，但也可能出现法定所有权转移后，所有权上的主要风险和报酬尚未转移的情况，具体情况如图 5-5 所示。

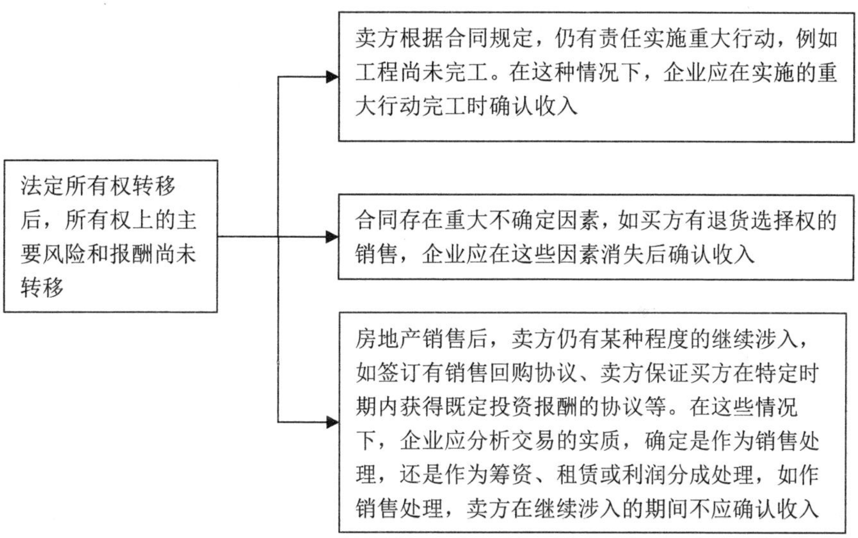

图 5-5　法定所有权转移后所有权上的主要风险和报酬尚未转移的情况

2. 企业既没有保留通常与所有权相联系的继续管理权，也没有对售出的商品实施控制

对售出商品房实施继续管理，既可能源于仍拥有商品的所有权，也可能与商品的所有权没有关系。如果商品房售出后，企业仍保留有与该商品的所有权相联系的继续管理权，则说明此项销售商品交易并没有完成，销售不能成立，不能确认收入。同样，如果商品售出后，企业仍对售出的商品实施控制，也说明此项销售没有完成，不能确认收入。房地产开发企业销售商品房后委托物业公司管理小区物业不属于保留通常与所有权相联系的继续管理权，也不属于对售出的商品房实施控制。

3. 收入的金额能够可靠地计量

收入能否可靠地计量，是确认收入的基本前提。收入不能可靠计量，则无法确认收入。企业在销售商品时，售价通常已经确定，但销售过程中由于某种不确定因素，也有可能出现售价变动的情况，则新的售价未确定前不应确认收入。收入的金额能够可靠地计量，是指收入的金额能够合理地估计。收入的金额不能够合理地估计就无法确认收入。企业在销售商品房时，商品房的销售价格通常已经确定。但是，由于销售商品房过程中某些不确定因素的影响，也有可能存在商品销售价格发生变动的情况。在这种情况下，新的商品房销售价格未确定前通常不应确认销售商品收入。企业销售商品满足收入确认条件时，应当按照已收或应收的合同或协议价款的公允价值确定销售商品收入金额。从购货方已收或应收的合同或协议价款，通常为公允价值。某些情况下，合同或协议明确规定销售商品需要延期收取价款，如分期收款销售商品，实质上具有融资性质的，应当按照应收的合同或协议价款的公允价值确定收入金额；已收或应收的价款不公允的，企业应按公允的交易价格确定收入金额。

4. 相关的经济利益很可能流入企业

在销售商品的交易中，与交易相关的经济利益主要表现为销售商品的价款。销售商品的价款能否有把握收回，是收入确认的一个重要条件。企业在销售商品时，如果估计价款收回的可能性不大，即使收入确认的其他条件均已满足，也不应当确认收入。通常情况下，“很可能”是指发生的概率超过 50% 的可能性。销售商品的价款能否收回，主要根据企业以前和买方交往的直接经验，或从其他方面取得的信息，或政府的有关政策等进行判断。实务中，企业售出的商品符合合同或协议规定的要求，并已将发票账单交付买方，买方也承诺付款，即表明销售商品的价款能够收回。如果企业估计价款不能收回的，不确认收入，应提供可靠的证据；已经收回部分价款的，只将收回的部分确认收入。

5. 相关已发生或将发生的成本能够可靠计量

根据收入和费用配比原则，与同一项销售有关的收入和成本应在同一会计期间予以确认。因此，如果成本不能可靠计量，即使其他条件均已满足，相关的收入也不能确认。一般情况下，所售商品房的开发项目完成竣工结算标志着“成本能够可靠地计量”，但也不尽然。这也要结合企业的具体情况加以判断。如果在施工过程中采用固定造价合同，则在合同签订后相关的成本就能够可靠计量。如果采用费率招标合同，则必须完成竣工结算，企业才能够对成本可靠计量。

即使成本能够可靠计量，如果成本还没有发生，相关的收入也不能确认。有人认为签订合同时成本已经发生，而有人认为履行了合同约定的权利和义务后，成本才算已经发生，如房地产开发企业与施工单位签订了不可撤销的固定造价合同，在施工完成前因施工方没有履行完合同约定的义务，并不能说成本已经发生，这时即使成本可以可靠计量，其他收入确认条件均以满足，也不能确认收入。

（二）商品房销售收入金额的确定

对于房地产开发企业而言，商品房销售是其获得收入的主要来源。本节主要论述如何确定商品房的销售收入金额的相关内容。

1. 整幢出售

直接计算其全部价款，于收入实现时确认为商品房销售收入。

2. 整幢房屋分套出售

往往以各套房屋应计建筑面积来计算每套房屋的价格并结转房屋成本。各套房屋的应计建筑面积，包括自用建筑面积和公用建筑面积（即公摊面积）。各套房屋的自用建筑面积，包括各套房屋分门户以内的起居室

（厅）、卧室、书房、厨房、卫生间、储藏室、过道和阳台等面积。各套房屋的公用建筑面积，包括其应按比例分摊的公共使用的门厅、楼梯、电梯井（厅）、公共通道、垃圾管道以及突出屋面的有围护结构的楼梯间、水箱间、电梯机房等面积。相关售价和成本结转应按各套房屋自用建筑面积和应分摊的公用建筑面积计算确定，计算公式如下。

某幢房屋公用建筑面积分配率 = 该幢房屋公用建筑面积 / 各套房屋自用建筑面积总和 ×100%

【例 5–1】房屋销售价款的计算

北方房地产开发公司开发了美丽花园小区，全部是用于出售的商品房。该总建筑面积共 72 000 平方米，其中，全部房屋的套内自用建筑面积总和为 60 000 平方米，公用建筑面积 12 000 平方米。该公司出售一套自用建筑面积 80 平方米的房屋，每建筑平方米售价 6 000 元，请计算这套房屋的总售价。

公用建筑面积分配率＝12 000÷60 000×100％＝20％

该套房屋销售应计建筑面积＝80×（1＋20％）＝96（平方米）

该套房屋销售价款＝6 000×96＝576 000（元）

3. 商品房销售应设置的主要会计科目

为了核算房地产开发企业转让与销售房地产阶段的业务，房地产开发企业应设置如表 5–5 所示的会计账户。

表 5–5 商品房销售应设置的主要会计科目

科目名称	借贷科目
主营业务收入	“主营业务收入”账户核算房地产开发企业对外转让、销售、结算开发产品等所取得的收入。该账户贷方登记企业按规定确认的营业收入，借方登记期末结转入“本年利润”账户的营业收入。期末，该账户的余额转入“本年利润”账户后无余额
主营业务成本	“主营业务成本”账户核算房地产开发企业对外转让、销售、结算开发产品等应结转的经营成本。该账户借方登记本期已对外转让、销售和结算开发产品的实际成本，贷方登记期末结转入“本年利润”账户的经营成本。期末，该账户的余额转入“本年利润”账户后无余额

续表

科目名称	借贷科目
预收账款	“预收账款”账户核算房地产开发企业按照合同规定预收的款项。该账户的贷方登记企业销售开发产品等经营活动按合同规定向承购人预收的款项，借方登记企业按规定确认收入转销的预收账款。该账户期末贷方余额，反映企业预收的款项；期末如为借方余额，反映企业应收未收的款项
应收账款	“应收账款”账户核算房地产开发企业因销售开发产品等经营活动应收取的款项。该账户借方登记企业销售开发产品等经营活动应收取的款项，贷方登记收回的应收账款

（三）商品房销售过程中的涉及的税收问题

商品房销售过程中的涉及的税收问题，因为会计处理要对相关税收做出反映，所以在介绍会计处理之前先把销售过程中的有关税收简单讲解一下。

1. 增值税

根据《房地产开发企业销售自行开发的房地产项目增值税征收管理暂行办法》（国家税务总局公告 2016 年第 18 号）及现行增值税有关规定，自 2016 年 5 月 1 日起，房地产开发企业销售自行开发的房地产项目增值税征收管理执行以下规定。

（1）适用范围

自行开发是指在依法取得土地使用权的土地上进行基础设施和房屋建设。

房地产开发企业以接盘等形式购入未完工的房地产项目继续开发后，以自己的名义立项销售的，属于销售自行开发的房地产项目。

（2）一般纳税人征收管理

①销售额

房地产开发企业中的一般纳税人销售自行开发的房地产项目，适用一般计税方法计税，按照取得的全部价款和价外费用，扣除当期销售房地产项目对应的土地价款后的余额计算销售额。销售额的计算公式如下。

销售额 =（全部价款和价外费用 − 当期允许扣除的土地价款）÷（1+11%）

当期允许扣除的土地价款按照以下公式计算。

当期允许扣除的土地价款 =（当期销售房地产项目建筑面积 ÷ 房地产项目可供销售建筑面积）× 支付的土地价款

当期销售房地产项目建筑面积是指当期进行纳税申报的增值税销售额对应的建筑面积。

房地产项目可供销售建筑面积是指房地产项目可以出售的总建筑面积，不包括销售房地产项目时未单独作价结算的配套公共设施的建筑面积。

支付的土地价款，是指向政府、土地管理部门或受政府委托收取土地价款的单位直接支付的土地价款。

在计算销售额时从全部价款和价外费用中扣除土地价款，应当取得省级以上（含省级）财政部门监（印）制的财政票据。

一般纳税人应建立台账登记土地价款的扣除情况，扣除的土地价款不得超过纳税人实际支付的土地价款。

一般纳税人销售自行开发的房地产老项目，可以选择适用简易计税方法按照 5% 的征收率计税。一经选择简易计税方法计税的，36 个月内不得变更为一般计税方法计税。

房地产老项目，是指：《建筑工程施工许可证》注明的合同开工日期在 2016 年 4 月 30 日前的房地产项目；《建筑工程施工许可证》未注明合同开工日期或者未取得《建筑工程施工许可证》但建筑工程承包合同注明的开工日期在 2016 年 4 月 30 日前的建筑工程项目。

一般纳税人销售自行开发的房地产老项目适用简易计税方法计税的，以取得的全部价款和价外费用为销售额，不得扣除对应的土地价款。

②预缴税款

一般纳税人采取预收款方式销售自行开发的房地产项目，应在收到预收款时按照 3% 的预征率预缴增值税。

应预缴税款按照以下公式计算。

应预缴税款 = 预收款 ÷（1+ 适用税率或征收率）× 3%

适用一般计税方法计税的，按照 11% 的适用税率计算；适用简易计税方法计税的，按照 5% 的征收率计算。

一般纳税人应在取得预收款的次月纳税申报期向主管国税机关预缴税款。

（3）进项税

一般纳税人销售自行开发的房地产项目，兼有一般计税方法计税、简易计税方法计税、免征增值税的房地产项目而无法划分不得抵扣的进项税额的，应以《建筑工程施工许可证》注明的“建设规模”为依据进行划分。

不得抵扣的进项税额 = 当期无法划分的全部进项税额 ×（简易计税、免税房地产项目建设规模 ÷ 房地产项目总建设规模）

（4）纳税申报

一般纳税人销售自行开发的房地产项目适用一般计税方法计税的，应按照《营业税改征增值税试点实施办法》（财税〔2016〕36 号）第四十五条规定的纳税义务发生时间，以当期销售额和 11% 的适用税率计算当期应纳税额，抵减已预缴税款后，向主管国税机关申报纳税。未抵减完的预缴税款可以结转下期继续抵减。

一般纳税人销售自行开发的房地产项目适用简易计税方法计税的，应按照《营业税改征增值税试点实施办法》第四十五条规定的纳税义务发生时间，以当期销售额和 5% 的征收率计算当期应纳税额，抵减已预缴税款后，向主管国税机关申报纳税。未抵减完的预缴税款可以结转下期继续抵减。

（5）发票开具

一般纳税人销售自行开发的房地产项目，自行开具增值税发票。

一般纳税人销售自行开发的房地产项目，其 2016 年 4 月 30 日前收取并已向主管地税机关申报缴纳营业税的预收款，未开具营业税发票的，可以开具增值税普通发票，不得开具增值税专用发票。

一般纳税人向其他个人销售自行开发的房地产项目，不得开具增值税专用发票。

（6）应纳税额的计算

【例 5-2】销售房屋应纳增值税的计算

北方房地产公司 2×17 年 8 月，收取定金 10 万元，商品房款 1 200 万元，退定金及商品房款 7 万元，代收有线电视、暖气初装费 16 万元，办证费用 1 万元，住房专项维修基金 35 万元。假定北方房地产公司所在地为市区。该公司当月增值税销项税额的计算如下。

销售额 =（10+1 200−7+16+1）÷（1+11%）×11%

=1 220/（1+11%）×11%

≈ 120.90（万元）

2. 印花税

根据《中华人民共和国印花税暂行条例》和《财政部国家税务总局关于印花税若干政策的通知》（财税〔2006〕162 号）的规定，对商品房销售合同按照产权转移书据按合同记载金额的 0.5‰ 征收印花税；对土地使用权出让合同、土地使用权转让合同按产权转移书据征收印花税。

【例 5-3】销售房屋应纳印花税的计算

北方房地产公司 2×17 年 8 月签订商品房销售合同总金额为 2 000 万元，则该公司当月应交印花税的计算如下。

应交印花税 =2 000×0.5‰ =1（万元）

3. 土地增值税

土地增值税是房地产开发企业的一个重要税种，房地产开发企业转让国有土地使用权、地上建筑物及其附着物并取得收入时，应就其转让房地产所取得的增值额征收土地增值税。

（1）税率

土地增值税按增值额与扣除项目金额的比率的不同范围实行 30%、

40%、50%、60% 四级超率累进税率计算。增值额未超过扣除项目金额 50% 的部分，税率为 30%；增值额超过扣除项目金额 50%、未超过扣除项目金额 100% 的部分，税率为 40%；增值额超过扣除项目金额 100%、未超过扣除项目金额 200% 的部分，税率为 50%；增值额超过扣除项目金额 200% 的部分，税率为 60%。超率累进税率如表 5-6 所示。

表 5-6　土地增值税四级超率累进税税率表

级数	增值额与扣除项目金额的比率	税率（%）	速算扣除系数（%）
1	不超过 50% 的部分	30	0
2	超过 50% 至 100% 的部分	40	5
3	超过 100% 至 200% 的部分	50	15
4	超过 200% 的部分	60	35

注：每级增值额未超过扣除项目金额的比例，均包括本比例数。

（2）应纳税额的计算

相关计算公式如下。

应纳土地增值税 = 增值额 × 税率 - 扣除项目金额 × 速算扣除系数

增值额 = 应税收入 - 扣除项目金额

纳税人转让房地产取得的应税收入，包括转让房地产的全部价款及有关的经济收益。税法准予纳税人从转让收入额中减除的项目包括取得土地使用权所支付的金额、房地产开发成本、房地产开发费用、与转让房地产有关的税金、其他扣除项目、旧房及建筑物的评估价格。

【例 5-4】销售房屋应纳土地增值税的计算

北方房地产公司开发建造并出售普通标准住宅楼一栋，取得销售收入 1 850 万元，其中包括代收的市政设施费共计 50 万元。公司为建造此楼支付土地出让金 300 万元，缴纳相关税费 12 万元；普通标准住宅楼开发成本 300 万元；房地产开发费用中的利息支出 40 万元（能够按转让房地产项目计算分摊并提供了银行贷款证明），包括超过贷款期限的利息 4 万元；公司所在地政府规定的房地产开发费用的计算扣除比例为

5%。增值税适用简易征收办法，征收率为 5%，城市维护建设税税率为 7%，教育费附加征收率为 3%。北方房地产公司应纳土地增值税税额的计算过程如下。

（1）确定转让房地产的收入 1 850 万元。

（2）确定转让房地产的扣除项目金额。

取得土地使用权所支付的金额为 312 万元。

房地产开发成本 300 万元。

房地产开发费用 =（40−4）+（300+312）×5%=66.6（万元）

与转让房地产有关的税金的相关计算如下。

增值税：1 850×5%=92.5（万元）

城市维护建设税：92.5×7%=6.475（万元）

教育费附加：92.5×3%=2.775（万元）

税金合计：92.5+6.475+2.775=101.75（万元）

其他扣除项目 =（312+300）×20%=122.4（万元）

代收费用可在计算土地增值税的时候扣除，但是不可以加计扣除。

扣除项目金额 =312+300+66.6+101.75+122.4+50=952.75（万元）

（3）转让房地产的增值额如下。

1 850−952.75=897.25（万元）

（4）计算增值额与扣除项目金额之比如下。

897.25÷952.75×100%=94%

增值额超过扣除项目金额 50%，未超过 100%，适用税率 40%，速算扣除系数 5%。

（5）用速算扣除法计算土地增值税应纳税额。

土地增值税应纳税额 =897.25×40%−952.75×5%=311.2625（万元）

（四）商品房预售的会计处理

房地产开发企业进行商品房预售，一般涉及诚意金、办卡费、预售定金、预售款以及代收的配套费用、维修基金、办证费等业务的会计核算。

1. 定金核算

预售商品房时承购人交纳的定金，可以通过“其他应付款”或“预收账款”账户核算。不论财务上如何核算，房地产开发企业收取定金都应缴纳税金及附加。

2．预售房款核算

房地产开发企业按照合同或协议规定向承购单位或个人预收的预售房款，在会计处理上有两种方法：一种处理方法是专设“预收账款”账户来核算；另一种处理方法是不设置“预收账款”账户，发生的预收账款直接在“应收账款”账户进行核算。采用预收账款核算的，企业收到的预交购房款，包括承购人按揭贷款的到账金额，应借记“库存现金”或“银行存款”账户，贷记“预收账款”账户。

同时，房地产开发企业按税法规定应交纳的增值税、城市维护建设税、教育费附加、土地增值税和企业所得税，在“应交税费”科目下设置“应交增值税”“应交城市维护建设税”“应交教育费附加”“应交土地增值税”“应交企业所得税”明细科目，实际上交税费时，借记“应交税费”各明细科目，贷记“银行存款”科目。

3．按揭保证金的核算

一般情况下，为便于按揭保证金的划转，银行会要求房地产开发企业同时开立一个一般结算户和一个按揭保证金户。按揭保证金户是不能随便动用的资金。企业在报建的时候，计委和建委都会要银行开具相应的资金证明，按揭保证金上的资金额是不能计算在内的。

房地产开发企业向贷款银行交纳的按揭保证金，有的由贷款行在放贷时从贷款额中直接扣收，有的是在银行发放贷款后由房地产开发企业从一般结算户转入按揭保证金专户。贷款行直接扣收按揭贷款保证金的，借记“银行存款”“其他货币资金——按揭保证金户”账户，贷记“预收账款”账户；房地产开发企业从一般结算户转入按揭贷款保证金时，借记“其他货币资金——按揭保证金户”账户，贷记“银行存款”账户。承购人违约，未及时还款时，贷款行从按揭保证金专户中扣收承购人还贷本息时，借记“其他应收款——×”账户，贷记“其他货币资金——按揭保证金户”账户；

承购人补缴还款额时，做相反会计分录。按揭保证金解冻时，借记“银行存款”账户，贷记“其他货币资金——按揭保证金户”账户。

【例 5-5】以银行按揭方式销售房屋的会计处理

北方房地产公司采用银行按揭方式销售商品房一套，房屋价款 180 万元，承购人缴纳首付款 70 万元，按揭贷款 110 万元。2×17 年 5 月，该套商品房按揭贷款到账，贷款行从按揭贷款额中直接收取 10% 的按揭保证金。放款次月起，承购人开始还贷款。2×17 年 12 月 5 日还款日，承购人未及时还款，贷款银行从公司按揭保证金户扣款 6 500 元；12 月底，承购人补缴了还款额。2×18 年 2 月该套商品房房产证书办理完毕，按揭贷款保证金解冻转入对应的一般结算账户。

（1）承购人支付首付款后，北方房地产公司应依据销售不动产发票记账联、收款收据记账联、现金缴款单或银行收账通知等收款证明，进行如下账务处理。

借：银行存款　　700 000

　　贷：预收账款　　700 000

（2）商品房按揭贷款到账，北方房地产公司应依据银行收账通知等收款证明进行如下账务处理。

借：银行存款　　990 000

　　其他货币资金——按揭保证金户　　110 000

　　贷：预收账款　　1 100 000

（3）承购人违约，贷款银行从按揭保证金户扣款，北方房地产公司应依据贷款银行扣款证明进行账务处理。

借：其他应收款——×× 客户　　6 500

　　贷：其他货币资金——按揭保证金户　　6 500

（4）承购人补缴还款额，北方房地产公司应依据银行收账通知等收款证明进行如下账务处理。

借：其他货币资金——按揭保证金户　　6 500

　　贷：其他应收款——×× 客户　　6 500

（5）按揭保证金解冻，北方房地产公司应依据银行转款单据进行账务处理。

借：银行存款　　110 000

　　贷：其他货币资金——按揭保证金户　　110 000

4. 代收配套设施费、办证费、维修基金的核算

房地产开发企业在预收房款的同时会代收天然气初装费、暖气初装费、有线电视安装费、房产证办证费以及维修基金等。住宅专项维修资金是指专项用于住宅共用部位、共用设施设备保修期满后的维修和更新、改造的资金。住宅共用部位是指根据法律、法规和房屋买卖合同，由单幢住宅内业主或者单幢住宅内业主及与之结构相连的非住宅业主共有的部位，一般包括：住宅的基础、承重墙体、柱、梁、楼板、屋顶以及户外的墙面、门厅、楼梯间、走廊通道等。共用设施设备是指根据法律、法规和房屋买卖合同，由住宅业主或者住宅业主及有关非住宅业主共有的附属设施设备，一般包括电梯、天线、照明、消防设施、绿地、道路、路灯、沟渠、池、井、非经营性车场车库、公益性文体设施和共用设施设备使用的房屋等。代收的配套费用、维修基金应作为“其他应付款”核算。

【例5-6】销售房屋时代收配套设施费、办证费、维修基金的会计核算

北方房地产公司2×17年6月销售给承购人甲商品房一套，该套商品房价款500 000元。

具体收款情况如下。

（1）公司收到承购人甲的购房定金30 000元时，应依据收款收据记账联、现金缴款单或银行收账通知进行如下账务处理。

借：银行存款　　　　30 000

　　贷：预收账款——甲　　　　30 000

（2）预收承购人甲支付首付款120 000元时，北方房地产公司应依据收款收据记账联、现金缴款单或银行收账通知进行如下账务处理。

借：银行存款　　　　120 000

　　贷：预收账款——甲　　　　120 000

（3）承购人甲按揭贷款350 000元到账时，北方房地产公司应依据销售不动产发票记账联、银行收账通知进行如下账务处理。

借：银行存款　　　　350 000

　　贷：预收账款——甲　　　　350 000

（4）收到承购人甲交纳配套费用 15 000 元、维修基金 4 600 元、办证费用 800 元时，北方房地产公司应依据收款收据记账联、现金缴款单或银行收账通知进行如下账务处理。

借：银行存款　　20 400

　贷：其他应付款——甲（配套费用）　　15 000

　　　　　　　　——甲（维修基金）　　4 600

　　　　　　　　——甲（办证费）　　800

（五）商品房销售的会计处理

房地产开发企业应当合理确认销售商品收入的实现，并将已实现的收入按时入账。

销售商品房的收入，应按企业与承购人签订的销售合同或协议金额或双方接受的金额确定。如果同时满足收入确认的五个条件，房地产开发企业应确认商品房销售收入实现，将预收的房款确认为“主营业务收入”，应借记“银行存款”或“应收账款”（补交差额部分）、“预收账款”账户，贷记“主营业务收入”账户（全部房款）。同时，房地产开发企业还应结转相关的成本和确认税金及附加，将“开发产品”转入“主营业务成本”，按规定计算出的增值税、城市维护建设税、教育费附加，借记“税金及附加”账户，贷记“应交税费——应交增值税”“应交税费——应交城市维护建设税”“应交税费——应交教育费附加”账户。

【例 5-7】商品房销售的会计处理

北方房地产公司 2×17 年 6 月将其正在开发的商品房预售，合同收入 2 600 万元，2×17 年 12 月开发的商品房已全部办理竣工验收并交房，商品房实际开发成本为 1 520 万元。企业于当月确认商品房销售收入，并办理土地增值税清算，应交土地增值税 120 万元，已预缴土地增值税 78 万元。

（1）商品房办理竣工验收时，按实际成本结转开发成本，相关账务处理如下。

借：开发产品——房屋　　15 200 000

　贷：开发成本　　15 200 000

（2）商品房移交时，确认商品房销售收入，相关账务处理如下。

借：预收账款　　26 000 000

　　贷：主营业务收入　　23 423 423.42

　　　　应交税费——应交增值税（销项税额）　　2 576 576.58

（3）月末，结转商品房销售成本，相关账务处理如下。

借：主营业务成本　　15 200 000

　　贷：开发产品　　15 200 000

（4）清算土地增值税，相关账务处理如下。

借：税金及附加　　1 200 000

　　贷：应交税费——应交土地增值税　　1 200 000

（5）清算后补缴土地增值税时，北方房地产公司应依据土地增值税完税凭证和付款证明进行如下账务处理。

借：应交税费——应交土地增值税　　420 000

　　贷：银行存款　　420 000

（六）特殊情况下的商品房销售的处理

房地产开发企业会计实务中，可能遇到一些特殊的销售商品业务。在将销售商品收入确认和计量原则运用于特殊销售商品收入的会计处理时，房地产开发企业应结合这些特殊销售商品交易的形式，并注重交易的实质。

1. 分期收款销售收入的核算

采用分期收款方式销售开发产品，每期实现的销售收入，是按当期收到的价款或合同约定当期应收的价款加以确定，即不论价款是否收到，都应按合同规定的时间和金额确认销售收入的实现。销售成本的结转，应与分期收款销售收入实现的时间相一致。当期结转的销售成本应按开发产品销售成本占销售收入的比例进行计算，其计算公式如下。

本期应结转的销售成本 = 本期确认的销售收入 × 销售总成本 ÷ 销售总收入

【例 5-8】分期收款销售房屋的会计核算

A 房地产公司采用分期收款结算方式出售高级公寓一栋，合同规定总价款为 6 000 000 元，相应增值税销项税额为 660 000 元。分三次收取价款：房屋移交时，收取总价款的50%；第二年收取30%；第三年收取20%；该商品房的实际开发成本为5 000 000元。作如下会计分录。

（1）移交商品房时，结转分期收款销售商品房的实际成本，相关账务处理如下。

借：分期收款开发产品　　5 000 000

　　贷：开发产品——商品房　　5 000 000

（2）移交房屋收取50%的价款时，相关账务处理如下。

借：银行存款　　3 660 000

　　贷：主营业务收入——商品房销售收　　3 000 000

　　　　应交税费——应交增值税（销项税额）　　660 000

依据我国现行法规，不动产权属移交时，应该全额缴纳增值税。同时，结转相应的经营成本，具体如下。

借：主营业务成本——商品房销售成本　　2 500 000

　　贷：分期收款开发产品　　2 500 000

企业在第二、第三年收取价款时，分别按各自的比例确认经营收入，结转经营成本和计算经营税金及附加。

2. 委托方式销售开发产品

该方式下，房地产开发企业应按以下原则确认收入的实现。

（1）采取支付一手续费方式委托销售开发产品的，应按实际销售额，于收到代销单位代销清单时确认收入的实现。

（2）采取视同买断方式委托销售开发产品的，应按合同或协议规定的价格，于收到代销单位代销清单时确认收入的实现。

（3）采取包销方式委托销售开发产品的，应按包销合同或协议约定的价格于付款日确认收入的实现。包销方提前付款的，在实际付款日确认收入的实现。

（4）采取基价（保底价）并实行超过基价双方分成方式委托销售开发产品的，应按基价加按超过基价分成比例计算的价格，于收到代销单位代销清单时确认收入的实现。

下面主要介绍收取手续费方式和视同买断的方式下的会计处理方法。

（1）收取手续费方式

房地产开发企业采取支付手续费方式委托销售商品房的，在委托房地产代理销售机构销售商品房时因不需要进行实物交付，通常不应确认销售商品房收入，也不需要进行账务处理，而应在符合收入确认条件时确认销售商品收入的实现，借记“银行存款”账户，贷记“主营业务收入”账户；结转成本时，借记“主营业务成本”账户，贷记“开发产品”账户；提取税金时，借记“税金及附加”账户，贷记“应交税费”账户。销售成立后，按合同或协议约定支付给房地产代理销售机构的手续费应作为销售费用处理，借记“销售费用”账户，贷记“银行存款”账户等。

【例 5-9】采取支付手续费方式委托销售商品房时的会计核算

北方房地产公司委托甲专业销售公司销售其开发的商品房，双方约定，房屋销售价格由北方房地产公司定价，销售收款后甲专业销售公司按售价的 2% 收取手续费。月末，北方房地产开发司收到甲专业销售公司开具的代销清单，共销售房屋 10 套，售价共计 500 万元。房屋开发成本为 350 万元。不考虑其他因素。

（1）委托销售时，因不需要进行实物交付，不需要进行账务处理。

（2）承购人缴纳房款时，北方房地产公司应依据收款收据记账联、现金缴款单或银行收账通知等收款证明进行如下账务处理。

借：银行存款　　5 000 000

　　贷：预收账款　　5 000 000

（3）收到代销清单，支付甲专业销售公司销售手续费时，北方房地产公司应依据销售公司开具的代理销售发票和付款证明进行账务处理。

借：销售费用　　100 000

　　应交税费——应交税费（进项税额）　　11 000

　　贷：银行存款　　111 000

（4）房屋竣工验收，移交承购人时，北方房地产公司应确认商品房销售收入。

借：预收账款　　5 550 000

　　贷：主营业务收入　　5 000 000

　　　　应交税费——应交税费（销项税额）　　550 000

（5）确认收入的同时，结转房屋销售成本。

借：主营业务成本　　3 500 000

　　贷：开发产品——房屋　　3 500 000

（2）视同买断方式

房地产开发企业采取视同买断方式委托销售商品房的，如果房地产开发企业和受托方之间的协议明确标明，受托方在取得代销商品房后，无论是否能够卖出、是否获利，均与委托方无关，那么房地产开发企业和受托方之间的代销商品房交易，与房地产开发企业直接销售商品房给受托方没有实质区别。该情况下，在符合销售商品房收入确认条件时，房地产开发企业应确认收入。如果房地产开发企业和受托方之间的协议明确标明，将来受托方没有将商品房售出时可以将商品房退回给委托方，或受托方因代销商品房出现亏损时可以要求房地产开发企业补偿，那么房地产开发企业在交付商品房时不应确认收入，受托方也不作购买商品房处理。该情况下，受托方在商品房销售后，按实际售价确认销售收入，并向房地产开发企业开具代销清单，而房地产开发企业收到代销清单并在符合收入确认条件时，再确认本企业的销售收入。

【例 5-10】采取视同买断方式委托销售商品房的会计核算

北方房地产公司委托甲专业销售公司销售其开发的商品房 10 套，协议价为 500 万元，成本为 350 万元。代销协议约定，双方签订代销协议后，无论商品房是否能够卖出、是否获利，均与北方房地产公司无关。

北方房地产公司委托甲专业销售公司代销商品，属于视同买断方式。北方房地产公司的账务处理如下。

（1）代销商品房移交甲专业销售公司时，确认销售收入。

借：应收账款　　5 550 000

　　贷：主营业务收入　　5 000 000

　　　　应交税费——应交税费（销项税额）　　550 000

（2）结转房屋销售成本。

借：主营业务成本　　　　　　　　　　　　3 500 000

　　贷：开发产品——房屋　　　　　　　　　　3 500 000

（3）收到甲专业销售公司销售商品房款，北方房地产公司应依据银行收账通知等收款证明进行如下账务处理。

借：银行存款　　　　　　　　　　　　　　5 550 000

　　贷：应收账款　　　　　　　　　　　　　　5 550 000

3. 附有销售退回条件的开发产品销售收入的确定

附有销售退回条件的商品销售，是指承购人依照有关协议有权退货的销售方式。在这种销售方式下，如果企业能够按照以往的经验对退货的可能性作出合理估计的，应在发出商品时，将估计不会发生退货的部分确认为收入，而将估计可能发生退货的部分不确认为收入；如果企业不能合理地确定退货的可能性，则在售出商品的退货期满时确认收入。

4. 销售折扣、折让及退回的核算

在销售过程中，由于各种原因会发生现金折扣、商业折扣、销售折让或销售退回等问题。对比房地产开发企业应当分不同情况进行处理。

现金折扣是指房地产企业为鼓励承购人在规定的期限内付款而向承购人提供的债务扣除。销售商品房涉及现金折扣的，应当按照扣除现金折扣前的金额确定销售商品房收入金额。现金折扣在实际发生时计入财务费用。

商业折扣是指房地产企业为促进商品房销售而在商品房标价上给予的价格扣除。销售商品房涉及商业折扣的，应当按照扣除商业折扣后的金额确定销售商品房收入金额。

销售折让是指房地产企业因售出商品房的质量不合格等原因而在售价上给予的减让。房地产企业已经确认销售商品房收入的售出商品房发生销售折让的，应当在发生时冲减当期销售商品房收入，属于资产负债表日后事项的，适用《企业会计准则第29号——资产负债表日后事项》。

销售退回是指房地产企业售出的商品由于质量、品种不符合要求等原

因而发生的退货。销售退回应当分以下情况处理。

（1）未确认收入的商品房退回，其会计处理比较简单，按照退回承购人的房款，借记“预收账款”账户，贷记“银行存款”账户；采用分期收款方式销售方式的，应按照分期收款发出商品的成本，借记“开发产品”账户，贷记“分期收款开发产品”账户。

（2）已确认收入的销售商品退回，一般情况下应直接冲减退回当月的销售收入、销售成本等。如果该项销售已发生现金折扣，应在退回当月一并处理，按已付或应付的余额冲减营业收入时，借记“主营业务收入”账户，贷记“银行存款”“应付账款”等账户；按退回商品的成本，借记“开发产品”账户，贷记“主营业务成本”账户。

（3）资产负债表日及之前售出的商品在资产负债表日至财务会计报告批准报出日之间发生退回的，应当作为资产负债表日后事项的调整事项处理，调整报告年度的收入、成本等。如果该项销售在资产负债表日及之前已经发生现金折扣的，还应同时冲减报告年度的现金折扣。

5.2.2 土地使用权转让的会计核算

开发企业开发的商品性土地，可以将土地使用权进行转让，但在向其他单位转让时，必须按照法律和合同的规定，投入相当的资金，完成相应的开发。

转让土地使用权时，双方应签订转让合同，并在合同中载明土地的位置、四周边界和面积、地上附着物、土地用途、建筑物高度、绿化面积、土地转让期限、土地转让金的支付方式和违约责任等。

土地转让的交易，可以采用协议、招标、拍卖等方式。土地转让的价格，根据地理位置、经济环境、土地用途、土地转让期限、房地产市场供求等因素决定，并报当地土地管理机关备案。

对其他单位转让的土地，转让方应在移交、转让土地，并将发票、账单提交买主时，按其转让价格借记“银行存款”“应收账款”等科目，贷记“主营业务收入——土地转让收入”科目。

月份终了，转让方应将转让土地的实际开发成本自“开发产品——商品性土地”账户的贷方转入“主营业务成本”或“主营业务成本——土地转让成本”账户的借方，作如下会计分录。

借：主营业务成本——土地转让成本

　　贷：开发产品——商品性土地

【例 5-11】土地使用权转让的会计核算

北方房地产公司对外转让已开发完成的土地一块，价值 2 000 万元，实际取得成本为 1 300 万元，已办妥转让手续，价款已收讫并存入开户银行。相关会计处理如下。

（1）依据发票账单、收款证明，确认已实现的土地转让收入。

借：银行存款　　22 200 000

　　贷：主营业务收入——土地转让收入　　20 000 000

　　　　应交税费——应交税费（销项税额）　　2 200 000

（2）结转已转让土地的实际成本。

借：主营业务成本——土地转让成本　　13 000 000

　　贷：开发产品——商品性土地　　13 000 000

（3）按照规定，计算应纳税额（假定城建税税率为 7%，教育费附加征收率为 3%）。

应交增值税 =（2 000-1 300）×11%=77（万元）

应交城市维护建设税 =77×7%=5.39（万元）

应交教育费附加 =77×5%=3.85（万元）

应交印花税 =2 000×5%=1（万元）

应交土地增值税：

①扣除项目金额 =1 300+5.39+3.85+1=1 310.24（万元）

②增值额 =2 000-1 310.24=689.76（万元）

③增值率 =689.76÷1 310.24×100%=52.64%

④应交土地增值税 =689.76×40%-1 310.24×5%=210.392（万元）

借：税金及附加　　2 196 320

　　贷：应交税费——应交城市维护建设税　　53 900

　　　　　　　　——应交教育费附加　　38 500

——应交土地增值税　　2 103 920

借：管理费用——印花税　　10 000

应交税费——应交增值税（已交税金）　　770 000

贷：银行存款　　780 000

5.2.3 配套设施转让的核算

企业在房地产开发过程中，按照城市建设规划开发的大型配套设施如商店、邮局、银行储蓄所等，可以进行有偿转让。对有关单位有偿转让的配套设施，应在办理财产交接手续，并在将配套设施工程价款账单提交有关单位时，按其转让价格借记“银行存款”“应收账款”等科目，贷记“主营业务收入——配套设施销售收入”科目。

月份终了，房地产开发企业应将转让配套设施的实际开发成本自“开发产品——配套设施”账户的贷方转入“主营业务成本——配套设施销售”成本账户的借方，作会计分录如下。

借：主营业务成本——配套设施销售成本

贷：开发产品——配套设施

房地产开发企业如将开发的大型配套设施如商店用于本企业从事第三产业经营用房，应视同自用固定资产进行处理，并将用于经营的配套设施的实际开发成本，自“开发产品——配套设施”账户的贷方转入“固定资产”账户的借方，作会计分录如下。

借：固定资产

贷：开发产品——配套设施

5.2.4 销售周转房的核算

周转房在改变用途将其对外销售时，应视同商品房销售加以处理。周转房在销售以前，往往要对其进行改装修复。相关企业对改装修复时发生的各项费用，应借记“销售费用”科目，贷记“应付账款”“银行存款”

等科目。周转房在改装修复后对外销售时，相关企业应办理房屋交接手续，并根据账单价款借记“应收账款”“银行存款”等科目，贷记“主营业务收入——周转房销售收入”科目，同时应结转对外销售周转房的销售成本。在结转周转房销售成本时，相关企业应按周转房的原值扣除累计摊销额的净值，借记“周转房——周转房摊销”“主营业务成本——周转房销售成本”科目，贷记“周转房——在用周转房”科目。

5.2.5　代建工程收入的核算

在实际工作中，房地产开发企业的代建工程，一般采用竣工后一次结算的办法。企业可向发包单位预售一定数额的工程款和备料款，在“预收账款”账户核算，并在期末或竣工后结算工程价款时，从应收工程款中扣除。

【例 5-12】代建工程收入的会计核算

北方房地产开发企业接受委托代建一项工程，发生如下业务。

（1）收到委托方按合同拨付的材料款 250 万元。

借：银行存款　　2 500 000

　　贷：预收账款　　2 500 000

（2）按工程施工进度向委托方预收工程款 150 万元。

借：银行存款　　1 500 000

　　贷：预收账款　　1 500 000

（3）代建的工程竣工，验收合格，结算工程价款 500 万元，增值税销项税额 55 万元。

借：预收账款　　4 000 000

　　应收账款　　1 550 000

　　贷：主营业务收入——代建工程结算收入　　5 000 000

　　　　应交税费——应交税费（销项税额）　　550 000

（4）与委托方结清工程款，收取余款 100 万元。

借：银行存款　　1 550 000

　　贷：应收账款　　1 550 000

5.2.6 其他业务收入的核算

其他业务收入是指企业根据收入准则确认的除主营业务以外的其他经营活动实现的收入，包括出租固定资产、出租无形资产、出租包装物和商品、销售材料等实现的收入。

为了核算和监督企业其他业务收入的实现及其相关成本的结转情况，房地产开发企业应设置下列会计账户。

（1）“其他业务收入”账户

该账户用来核算根据收入准则确认的除主营业务以外的其他经营活动实现的收入。该账户的贷方登记其他业务收入的增加，借方登记其他业务收入的减少和转出。企业确认的其他业务收入，借记“银行存款”“应收账款”等账户，贷记本账户、“应交税费——应交增值税（销项税额）”等账户。企业以原材料进行非货币性资产交换（在非货币性资产交换具有商业实质且公允价值能够可靠计量的情况下）或债务重组时，应按照该用于交换或抵债的原材料的公允价值，借记有关资产账户或“应付账款”等账户，贷记本账户。本账户应当按照其他业务收入种类进行明细核算。期末，企业应将本账户余额转入“本年利润”账户，结转后本账户应无余额。

需要说明的是，企业（租赁）出租固定资产取得的租赁收入在“租赁收入”账户核算，不在本账户核算。采用成本模式计量的投资性房地产取得的租金收入，通过本账户核算。

（2）“其他业务支出”账户

该账户核算企业除主营业务活动以外的其他经营活动所发生的支出，包括销售材料的成本、出租固定资产的累计折旧、出租无形资产的累计摊销、出租包装物的成本或摊销额、采用成本模式计量的投资房地产的累计折旧或累计摊销等。企业发生的其他业务支出，借记本账户，贷记“原材料”“包装物”“低值易耗品”“累计折旧”“累计摊销”“应付职工薪酬”“银行存款”等账户。企业以原材料进行非货币性资产交换（在非货币性资产交换具有商业实质且公允价值能够可靠计量的情况下）或债务重组，应按照该用于交换或抵债的原材料的账面余额，借记本账户，贷记“原材料”账户。已计提存货跌价准备的，还应同时结转已计提的存货跌价准备。本账户应当按照其他业务支出的种类进行明细核算。期末，企业应将本账户余额转入“本年利润”账户，结转后本账户应无余额。

需要说明的是，企业除主营业务活动以外的其他经营活动发生的相关税费在“税金及附加”账户核算，不在本账户核算。

【例 5-13】其他业务收入的会计核算

A 房地产公司一个研究开发项目获得成功，并申请了专利。该无形资产的成本为 80 000 元，现将该无形资产出售，获得转让收入 100 000 元，其中增值税销项税额 6 000 元，并发生了培训费用等支出 2 000 元。该企业应作如下会计分录。

借：银行存款　　106 000

　　贷：其他业务收入　　100 000

　　　　应交税费——应交增值税（销项税额）　　6 000

借：其他业务支出　　80 000

　　贷：无形资产——专利权　　80 000

借：其他业务支出　　2 000

　　贷：银行存款　　2 000

第6章

我们有时也“炒房”
——投资性房地产的会计核算

随着我国社会主义市场经济的发展和完善，房地产市场日益活跃，企业除了将持有的房地产用作自身管理、生产经营活动场所和对外销售之外，还可将房地产用于赚取租金或增值收益的活动，甚至作为个别企业的主营业务。根据新会计准则的规定，我国现在把这部分经营性租赁租出的房产作为投资性房地产进行核算。

6.1 投资性房地产的特征与范围

6.1.1 投资性房地产的定义及特征

就某些企业而言，投资性房地产属于日常经常性活动，形成的租金收入或转让增值收益确认为企业的主营业务收入，但对于大部分企业而言，是与经营性活动相关的其他经营活动，形成的租金收入或转让增值收益构成企业的其他业务收入。投资性房地产的确认、计量和披露适用《企业会计准则第 3 号——投资性房地产》（以下简称投资性房地产准则）的规定，房地产租金收入的确认、计量和披露适用《企业会计准则第 21 号——租赁》的规定。

投资性房地产是指为赚取租金或资本增值，或者两者兼有而持有的房地产。投资性房地产的特征如表 6-1 所示。

表 6-1　投资性房地产的特征

投资性房地产是一种经营性活动	投资性房地产的主要形式是出租建筑物、出租土地使用权。这实质上属于一种让渡资产使用权的行为。房地产租金就是让渡资产使用权取得的使用费收入，是企业为完成其经营目标所从事的经营性活动以及与之相关的其他活动形成的经济利益总流入。投资性房地产的另一种形式是持有并准备增值后转让的土地使用权，尽管其增值收益通常与市场供求、经济发展等因素相关，但目的是为了增值后转让以赚取增值收益，也是企业为完成其经营目标所从事的经营性活动以及与之相关的其他活动形成的经济利益总流入
投资性房地产在用途、状态、目的等方面区别于作为生产经营场所的房地产和用于销售的房地产	需要将投资性房地产单独作为一项资产核算和反映，与自用的厂房、办公楼等房地产和作为存货（已建完工商品房）的房地产加以区别，从而更加清晰地反映企业所持有房地产的构成情况和盈利能力。企业在首次执行投资性房地产准则时，应当根据投资性房地产的定义对企业资产进行重新分类，凡是符合投资性房地产定义和确认条件的建筑物和土地使用权，都应当归为投资性房地产
投资性房地产有两种后续计量模式	企业通常应当采用成本模式对投资性房地产进行后续计量，只有在满足特定条件的情况下，即有确凿证据表明其所有投资性房地产的公允价值能够持续可靠取得的，才可以采用公允价值模式进行后续计量。但是，同一企业只能采用一种模式对所有投资性房地产进行后续计量，不得同时采用两种计量模式进行后续计量

6.1.2　投资性房地产的范围

投资性房地产的范围包括：已出租的土地使用权、持有并准备增值后转让的土地使用权、已出租的建筑物。

（一）已出租的土地使用权

已出租的土地使用权是指企业通过出让或转让方式取得的、以经营租赁方式出租的土地使用权。企业取得的土地使用权通常包括在一级市场上以交纳土地出让金的方式取得土地使用权，也包括在二级市场上接受其他单位转让的土地使用权。

例如，甲公司与乙公司签署了土地使用权租赁协议，甲公司以年租金

720 万元租赁使用乙公司拥有的 40 万平方米土地使用权。那么，自租赁协议约定的租赁期开始日起，这项土地使用权就属于乙公司。

以经营租赁方式租入土地使用权再转租给其他单位的房地产，不能确认为投资性房地产。

（二）持有并准备增值后转让的土地使用权

持有并准备增值后转让的土地使用权，是指企业取得的、准备增值后转让的土地使用权。这类土地使用权很可能给企业带来资本增值收益，符合投资性房地产的定义。例如，企业发生转产或厂址搬迁，部分土地使用权停止自用，企业管理当局（董事会或类似机构）作出书面决议明确继续持有这部分土地使用权，待其增值后转让以赚取增值收益。

（三）已出租的建筑物

已出租的建筑物是指企业拥有产权的、以经营租赁方式出租的建筑物，包括自行建造或开发活动完成后用于出租的建筑物。比如，甲公司将其拥有的某栋厂房整体出租给乙公司，租赁期两年。对于甲公司而言，一般自租赁期开始日期起，这栋厂房就属于其所拥有投资性房地产。企业在判断和确认已出租的建筑物时，应当把握以下要点。

（1）用于出租的建筑物是指企业拥有产权的建筑物。企业以经营租赁方式租入再转租的建筑物不属于投资性房地产。例如，甲企业与乙企业签订了一项经营租赁合同，乙企业将其持有产权的一栋办公楼出租给甲企业，为期 5 年。甲企业一开始将该办公楼改装后用于自行经营餐馆。两年后，由于连续亏损，甲企业将餐馆转租给丙公司，以赚取租金差价。这种情况下，对于甲企业而言，该栋楼不属于其所拥有的投资性房地产；而对于乙企业而言，则属于投资性房地产。

（2）已出租的建筑物是企业已经与其他方签订了租赁协议，约定以经营租赁方式出租的建筑物。一般应自租赁协议规定的租赁期开始日起，经营租出的建筑物才属于已出租的建筑物。通常情况下，对企业持有以备经营出租的空置建筑物，如董事会或类似机构作出书面决议，明确表明将其用于经营出租且持有意图短期内不再发生变化的，即使尚未签订租赁协议，也应视为投资性房地产。这里的空置建筑物，是指企业新购入、自行建造或开发完工但尚未使用的建筑物，以及不再用于日常生产经营活动且经整理后达到可经营出租状态的建筑物。例如，甲企业在当地房地产交易中心通过竞拍取得一块土地的使用权。甲企业按照合同规定对这块土地进行了开发，并在这块土地上建造了一栋商场，拟用于整体出租，但尚未开发完工。本例中，该尚未开发完工的商场不属于“空置建筑物”；不属于投资性房地产。

（3）企业将建筑物出租，按租赁协议向承租人提供的相关辅助服务在整个协议中不重大的，应当将该建筑物确认为投资性房地产。例如，企业将其办公楼出租，同时向承租人提供维护、保安等日常辅助服务，企业应当将其确认为投资性房地产。再如，甲企业购买了一栋写字楼，共 12 层。其中，1 层经营出租给某家大型超市，2~5 层经营出租给乙公司，6~12 层经营出租给丙公司。甲企业同时为该写字楼提供保安、维修等日常辅助服务。本例中，甲企业将写字楼出租，同时提供的辅助服务不重大。对于甲企业而言，这栋写字楼属于甲企业的投资性房地产。

下列项目不属于投资性房地产。

1. 自用房地产

自用房地产是指为生产商品、提供劳务或者经营管理而持有的房地产。比如，企业生产经营用的厂房和办公楼属于固定资产；企业生产经营用的土地使用权属于无形资产。自用房地产的特征在于服务于企业自身的生产经营活动，其价值将随着房地产的使用而逐渐转移到企业的产品或服务中去，通过销售商品或提供服务为企业带来经济利益，在产生现金流量的过程中与企业持有的其他资产密切相关。

2. 作为存货的房地产

作为存货的房地产通常是指房地产开发企业在正常经营过程中销售的或为销售而正在开发的商品房和土地。这部分房地产属于房地产开发企业的存货，其生产、销售构成企业的主营业务活动，产生的现金流量也与企业的其他资产密切相关。因此，具有存货性质的房地产不属于投资性房地产。

从事房地产经营开发的企业依法取得的、用于开发后出售的土地使用权，属于房地产开发企业的存货，即使房地产开发企业决定待增值后再转让其开发的土地，也不得将其确认为投资性房地产。

6.2 投资性房地产纳税处理

房地产开发企业对持有的投资性房地产，主要应纳税种有增值税及其相关的城市维护建设税、教育费附加、城镇土地使用税、房产税、印花税和企业所得税等。

6.2.1 增值税及附加

房地产开发企业出资房屋的，需要缴纳增值税。具体的规定如下。

1. 一般纳税人出租不动产

（1）一般纳税人出租其 2016 年 4 月 30 日前取得的不动产，可以选择适用简易计税方法，按照 5% 的征收率计算应纳税额。

（2）一般纳税人出租其 2016 年 5 月 1 日后取得的不动产，适用一般计税方法计税。

2. 小规模纳税人出租不动产

（1）单位和个体工商户出租不动产（不含个体工商户出租住房），

按照 5% 的征收率计算应纳税额。个体工商户出租住房，按照 5% 的征收率减去按 1.5% 计算应纳税额。

（2）其他个人出租不动产（不含住房），按照 5% 的征收率计算应纳税额，向不动产所在地主管地税机关申报纳税。其他个人出租住房，按照 5% 的征收率减按 1.5% 计算应纳税额，向不动产所在地主管地税机关申报纳税。

【例 6-1】出租房屋的增值税计算

北方房地产公司开发的一栋商务楼共 6 000 平方米出租给甲公司使用，已确认为投资性房地产。经营租赁合同规定，租期一年，年租金为 360 万元。北方房地产公司每年应确认的增值税销项税额如下。

应确认增值税销项税额 =360×11%=39.60（万元）

房地产开发企业通过对外出售或转让方式处置投资性房地产涉及的增值税、城建税和教育费附加同第 6 章转让土地使用权、销售商品房部分。

6.2.2　印花税

对房地产开发企业出租的投资性房地产签订的租赁合同，根据《中华人民共和国印花税暂行条例》（1988 年 8 月 6 日国务院令第 11 号）及其相关规定，按照财产租赁合同征收印花税，按合同记载金额的 1‰贴花，税额不足 1 元，按 1 元贴花；持有并准备增值后转让的土地使用权转让时签订的土地使用权转让合同，应按产权转移收据，按合同记载金额的 0.5‰计算。

【例 6-2】出租房屋的印花税计算

北方房地产公司与甲公司签订租赁合同，经营租赁合同规定，租期一年，年租金为 360 万元。北方房地产公司与甲公司签订租赁合同时，应纳印花税的计算如下。

应纳印花税 =360×1‰ =0.36（万元）

6.2.3　房产税

房地产开发企业持有投资性房地产，根据《中华人民共和国房产税暂行条例》（1986年9月15日国发〔1986〕90号）等相关规定，应当缴纳房产税。房产税实行按年征收、分期缴纳，在房产所在地主管税务机关申报纳税。具体纳税期限由省、自治区、直辖市人民政府确定。投资性房地产的计税依据分为从价计征和从租计征两种形式如表6-2所示。

表6-2　房产税的计税方式

从价计征	通常情况下，对房地产开发企业持有的以备经营出租的空置建筑物，尚未出租时，应当采用从价计征的形式缴纳房产税，计税依据为房产原值一次减除10%~30%后的余值，按1.2%的税率计算缴纳
从租计征	对房地产开发企业出租的投资性房地产，可以采用从价计征的形式，也可以采用从租计征的形式。采用从租计征的形式的，房地产开发企业向房产承租方出租用于经营房产，以租金收入12%计算缴纳房产税，房地产开发企业按市场价格向个人出租用于居住的住房，应根据财税〔2008〕24号文件的规定以租金收入4%计算缴纳房产税

【例6-3】出租房屋应纳房产税的计算1

北方房地产公司持有以备经营出租的空置房屋，原值为5 000万元，按照当地规定允许减除30%后的余值计税，适用税率为1.2%。北方房地产公司每年应纳房产税的计算如下。

应纳房产税 =（房产原值一次减除30%后的余值）× 税率1.2%

= 5 000×（1−30%）×1.2%=42（万元）

【例6-4】出租房屋应纳房产税的计算2

北方房地产公司出租办公楼一栋，年租金收入为360万元，适用税率为12%。北方房地产公司每年应纳房产税的计算如下。

应纳房产税 = 租金收入 × 税率12%

=360×12%=43.2（万元）

6.3　投资性房地产的账务处理

6.3.1　投资性房地产的确认和初始计量

投资性房地产只有在符合定义的前提下，同时满足下列条件的，才能予以确认：（1）与该投资性房地产有关的经济利益很可能流入企业；（2）该投资性房地产的成本能够可靠地计量。投资性房地产的确认时点如表 6-3 所示。

表 6-3　投资性房地产的确认时点

具体情况	确认时点
对已出租的土地使用权、已出租的建筑物	其作为投资性房地产的确认时点一般为租赁期开始日，即土地使用权、建筑物进入出租状态、开始赚取租金的日期
对持有并准备增值后转让的土地使用权	其作为投资性房地产的确认时点为企业将自用土地使用权停止自用，准备增值后转让的日期
对企业持有以备经营出租的空置建筑物，董事会或类似机构作出书面决议，明确表明将其用于经营出租且持有意图	即使尚未签订租赁协议，在作出决议之时，也应视为投资性房地产

投资性房地产应当按照成本进行初始计量。

（一）外购投资性房地产的确认和初始计量

在采用成本模式计量下，外购的土地使用权和建筑物，按照取得时的实际成本进行初始计量，借记“投资性房地产”科目，贷记“银行存款”等科目。取得时的实际成本包括购买价款、相关税费和可直接归属于该资产的其他支出。企业购入的房地产，部分用于出租（或资本增值）、部分自用，用于出租（或资本增值）的部分应当予以单独确认的，应按照不同部分的公允价值占公允价值总额的比例将成本在不同部分之间进行分配。

在采用公允价值模式计量下，外购的投资性房地产应当按照取得时的实际成本进行初始计量，其实际成本的确定与采用成本模式计量的投资性房地产一致。企业应当在“投资性房地产”科目下设置“成本”和“公允价值变动”两个明细科目，按照外购的土地使用权和建筑物发生的实际成本，计入“投资性房地产——成本”科目。

采用公允价值模式计量的条件，将在6.3.3“投资性房地产的后续计量”中介绍。

【例 6-5】外购投资性房地产的会计核算

2×17 年 3 月，甲房地产公司计划购入一栋写字楼用于对外出租。2×17 年 3 月 15 日，甲房地产公司与乙企业签订了经营租赁合同，约定自写字楼购买日起将这栋写字楼出租给乙企业，为期 5 年。2×17 年 4 月 5 日，甲房地产公司实际购入写字楼，支付价款共 200 万元，增值税销项税额为 22 万元（假设不考虑其他因素，甲房地产公司采用成本模式进行后续计量）。

甲房地产公司的账务处理如下。

借：投资性房地产——写字楼　　2 000 000
　　应交税费——应交增值税（销项税额）　　220 000
　　贷：银行存款　　2 220 000

假设甲房地产公司拥有的投资性房地产符合采用公允价值计量模式的条件，采用公允价值模式进行后续计量。

甲房地产公司的账务处理如下。

借：投资性房地产——成本（写字楼）　　2 000 000
　　应交税费——应交增值税（销项税额）　　220 000
　　贷：银行存款　　2 220 000

（二）自行建造投资性房地产的确认和初始计量

自行建造投资性房地产的成本由建造该项资产达到预定可使用状态前发生的必要支出构成，包括土地开发费、建筑成本、安装成本、应予以资本化的借款费用、支付的其他费用和分摊的间接费用等。建造过程中发生的非正常性损失，直接计入当期损益，不计入建造成本：采用成本模式计量的，应按照确定的成本，借记“投资性房地产”科目，贷记“在建工程”或“开发成本”科目；采用公允价值模式计量的，应按照确定的成本，借记“投资性房地产——成本”科目，贷记“在建工程”或“开发成本”科目。

【例 6-6】自行建造投资性房地产的会计核算

2×17 年 1 月，北方房地产公司从其他单位购入一块土地的使用权，并在这块土地上开始自行建造三栋厂房。

2×17 年 10 月，北方房地产公司预计厂房即将完工，与乙公司签订了经营租赁合同，将其中的一栋厂房租赁给乙公司使用。租赁合同约定，该厂房于完工（达到预定可使用状态）时开始起租。

2×17 年 11 月 1 日，三栋厂房同时完工（达到预定可使用状态）。该块土地使用权的成本为 60 万元；三栋厂房的实际造价均为 1 000 万元，能够单独出售。假设北方房地产公司采用成本计量模式。

北方房地产公司的账务处理如下。

土地使用权中的对应部分同时转换为投资性房地产 =[60×（1 000÷3 000）]=20（万元）

借：投资性房地产——厂房	10 000 000	
贷：在建工程		10 000 000
借：投资性房地产——土地使用权	200 000	
贷：无形资产——土地使用权		200 000

（三）非投资性房地产转换为投资性房地产的确认和初始计量

非投资性房地产转换为投资性房地产，实质上是因房地产用途发生改变而对房地产进行的重新分类。转换日通常为租赁期开始日。房地产转换的计量将在 6.3.4 和 6.3.5 中进行介绍。

6.3.2　与投资性房地产有关的后续支出

（一）资本化的后续支出

与投资性房地产有关的后续支出，满足投资性房地产确认条件的，应当计入投资性房地产成本。例如，企业为了提高投资性房地产的使用效能，往往需要对投资性房地产进行改建、扩建而使其更加坚固耐用，或者通过装修而改善其室内装潢，改扩建或装修支出满足确认条件的，应当将其资本化。企业对某项投资性房地产进行改扩建等再开发且将来仍作为投资性房地产的，在再开发期间应继续将其作为投资性房地产，再开发期间不计提折旧或摊销。

【例 6-7】投资性房地产发生后续支出的会计核算 1

2×17 年 3 月，北方房地产公司与乙企业的一项厂房经营租赁合同即将到期。该厂房按照成本模式进行后续计量，原价为 200 万元，已计提折旧 60 万元。为了提高厂房的租金收入，北方房地产公司决定在租赁期满后对厂房进行改扩建，并与丙企业签订了经营租赁合同，约定自改扩建完工时将厂房出租给丙企业。3 月 15 日，与乙企业的租赁合同到期，厂房随即进入改扩建工程。12 月 10 日，厂房改扩建工程完工，共发生支出 150 万元，即日按照租赁合同出租给丙企业。假设北方房地产公司采用成本计量模式。

本例中，改扩建支出属于资本化的后续支出，应当记入投资性房地产的成本。

北方房地产公司的账务处理如下。

（1）2×17 年 3 月 15 日，投资性房地产转入改扩建工程。

借：投资性房地产——厂房（在建）	1 400 000	
投资性房地产累计折旧	600 000	
贷：投资性房地产——厂房		2 000 000

（2）2×17 年 3 月 15 日 ~12 月 10 日。

借：投资性房地产——厂房（在建）	1 500 000	
贷：银行存款等		1 500 000

（3）2×17 年 12 月 10 日，改扩建工程完工。

借：投资性房地产——厂房	2 900 000	
贷：投资性房地产——厂房（在建）		2 900 000

【例 6-8】投资性房地产发生后续支出的会计核算 2

2×17 年 3 月，北方房地产公司与乙企业的一项厂房经营租赁合进行改扩建，并与丙企业签订了经营租赁合同，约定自改扩建完工时将厂房出租给丙企业。

3 月 15 日，与乙企业的租赁合同到期，厂房随即进入改扩建工程。

11 月 10 日，厂房改扩建工程完工，共发生支出 150 万元，即日起按照租赁合同出租给丙企业。

3月15日，厂房账面余额为1 300万元，其中，成本1 000万元，累计公允价值变动300万元。假设北方房地产公司采用公允价值计量模式。

北方房地产公司的账务处理如下。

（1）2×17年3月15日，投资性房地产转入改扩建工程。

借：投资性房地产——厂房（在建）　　13 000 000

　　贷：投资性房地产——成本　　10 000 000

　　　　　　　　　　——公允价值变动　　3 000 000

（2）2×17年3月15日~11月10日。

借：投资性房地产——厂房（在建）　　1 500 000

　　贷：银行存款　　1 500 000

（3）2×17年11月10日，改扩建工程完工。

借：投资性房地产——成本　　14 500 000

　　贷：投资性房地产——厂房（在建）　　14 500 000

（二）费用化的后续支出

与投资性房地产有关的后续支出，不满足投资性房地产确认条件的，应当在发生时计入当期损益。例如，企业对投资性房地产进行日常维护发生一些支出。企业在发生投资性房地产费用化的后续支出时，借记“其他业务成本”等科目，贷记“银行存款”等科目。

【例6-9】甲房地产公司对其某项投资性房地产进行日常维修，发生维修支出1.2万元。

本例中，日常维修支出属于费用化的后续支出，应当计入当期损益。

甲房地产公司的账务处理如下。

借：其他业务成本　　12 000

　　贷：银行存款等　　12 000

6.3.3 投资性房地产的后续计量

投资性房地产的后续计量模式如图 6-1 所示。

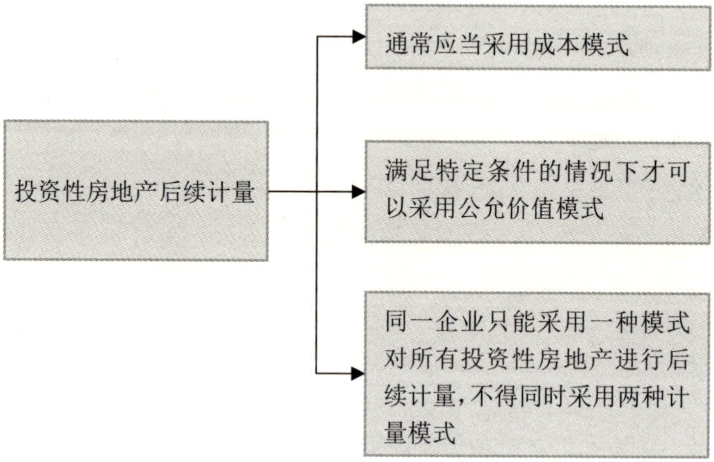

图 6-1 投资性房地产后续计量模式

（一）采用成本模式进行后续计量的投资性房地产

采用成本模式进行后续计量的投资性房地产，应当按照《企业会计准则第 4 号——固定资产》或《企业会计准则第 6 号——无形资产》的有关规定，按期（月）计提折旧或摊销，借记“其他业务成本”等科目，贷记“投资性房地产累计折旧（摊销）”科目；取得的租金收入，借记“银行存款”等科目，贷记“其他业务收入”等科目。

投资性房地产存在减值迹象的，还应当适用资产减值的有关规定：经减值测试后确定发生减值的，应当计提减值准备，借记“资产减值损失”科目，贷记“投资性房地产减值准备”科目；如果已经计提减值准备的投资性房地产的价值又得以恢复，不得转回。

【例 6-10】甲房地产公司的一栋办公楼出租给乙企业使用，已确认为投资性房地产，采用成本模式进行后续计量。假设这栋办公楼的成本为 1 800 万元，按照直线法计提折旧，使用寿命为 30 年，预计净残值为零。按照经营租赁合同约定，乙房地产公司每月支付甲房地产公司租金 8 万元。当年 12 月，这栋办公楼发生减值迹象，经减值测试，其可收回金额为 1 200 万元。此时，办公楼的账面价值为 1 500 万元，以前未计提减值准备。

甲房地产公司的账务处理如下。

（1）计提折旧

每月计提的折旧 =1 800÷30÷12=5（万元）

借：其他业务成本　　　　50 000

　　贷：投资性房地产累计折旧　　　　50 000

（2）确认租金

借：银行存款（或其他应收款）　　　　80 000

　　贷：其他业务收入　　　　80 000

（3）计提减值准备

借：资产减值损失　　　　3 000 000

　　贷：投资性房地产减值准备　　　　3 000 000

（二）采用公允价值模式进行后续计量的投资性房地产

企业存在确凿证据表明其投资性房地产的公允价值能够持续可靠取得的，可以对投资性房地产采用公允价值模式进行后续计量。企业选择公允价值模式，就应当对其所有投资性房地产采用公允价值模式进行后续计量，不得对一部分投资性房地产采用成本模式进行后续计量，而对另一部分投资性房地产采用公允价值模式进行后续计量。在极少数情况下，采用公允价值对投资性房地产进行后续计量的企业，有证据表明，当企业首次取得某项投资性房地产（或某项现有房地产在完成建造或开发活动或改变用途后首次成为投资性房地产）时，该投资性房地产公允价值不能持续可靠取得的，应当对该投资性房地产采用成本模式计量直至处置，并假设无残值。但是，采用成本模式对投资性房地产进行后续计量的企业，即使有证据表明，企业首次取得某项投资性房地产时，该投资性房地产公允价值能够持续可靠取得，该企业仍应对该项投资性房地产采用成本模式进行后续计量。

投资性房地产采用公允价值计量的条件如图 6-2 所示。

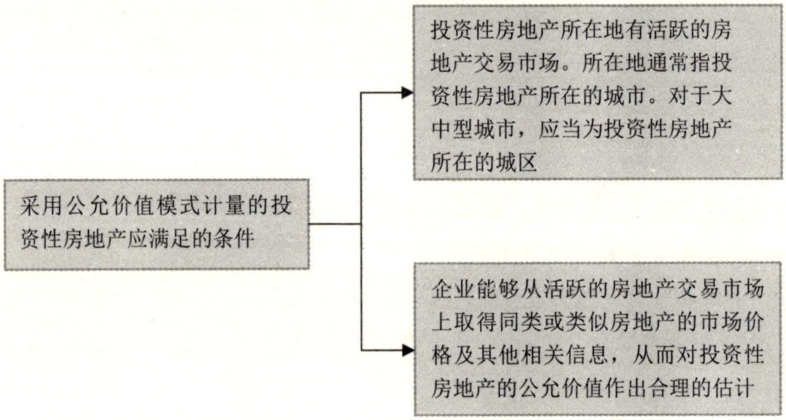

图 6-2　采用公允价值计量的条件

投资性房地产的公允价值是指在公平交易中，熟悉情况的当事人之间自愿进行房地产交换的价格。确定投资性房地产的公允价值时，应当参照活跃市场上同类或类似房地产的现行市场价格（市场公开报价）；无法取得同类或类似房地产现行市场价格的，应当参照活跃市场上同类或类似房地产的最近交易价格，并考虑交易情况、交易日期、所在区域等因素，从而对投资性房地产的公允价值作出合理的估计；也可以基于预计未来获得的租金收益和相关现金流量的现值计量。“同类或类似”的房地产，对建筑物而言，是指所处地理位置和地理环境相同、性质相同、结构类型相同或相近、新旧程度相同或相近、可使用状况相同或相近的建筑物；对土地使用权而言，是指同一位置区域、所处地理环境相同或相近、可使用状况相同或相近的土地。

投资性房地产采用公允价值模式进行后续计量的，不计提折旧或摊销，应当以资产负债表日的公允价值计量。资产负债表日，投资性房地产的公允价值高于其账面余额的差额，借记“投资性房地产——公允价值变动”科目，贷记“公允价值变动损益”科目；公允价值低于其账面余额的，相应差额作相反的会计分录。

【例 6–11】北方房地产公司为从事房地产经营开发的企业。2×17 年 8 月，北方房地产公司与乙公司签订租赁协议，约定将北方房地产公司开发的一栋精装修的写字楼于开发完成的同时开始租赁给乙公司使用，租赁期为 10 年。当年 10 月 1 日，该写字楼开发完成并开始起租，写字楼的造价为 900 万元。2×17 年 12 月 31 日，该写字楼的公允价值为 920 万元。假设北方房地产公司采用公允价值计量模式。

北方房地产公司的账务处理如下。

（1）2×17 年 10 月 1 日，北方房地产公司开发完成写字楼并出租。

借：投资性房地产——成本　　　　9 000 000

　　贷：开发成本　　　　9 000 000

（2）2×17 年 12 月 31 日，按照公允价值为基础调整其账面价值；公允价值与原账面价值之间的差额计入当期损益。

借：投资性房地产——公允价值变动　　　　200 000

　　贷：公允价值变动损益　　　　200 000

（三）投资性房地产后续计量模式的变更

为保证会计信息的可比性，企业对投资性房地产的计量模式一经确定，不得随意变更。只有在房地产市场比较成熟、能够满足采用公允价值模式条件的情况下，企业才能将投资性房地产从成本模式计量变更为公允价值模式计量。

成本模式转为公允价值模式的，应当作为会计政策变更处理，并按计量模式变更时公允价值与账面价值的差额调整期初留存收益。已采用公允价值模式计量的投资性房地产，不得从公允价值模式转为成本模式。

【例 6–12】2×17 年，北方房地产公司将一栋写字楼对外出租，采用成本模式进行后续计量。2×17 年 2 月 1 日，假设北方房地产公司持有的投资性房地产满足采用公允价值模式条件，北方房地产公司决定采用公允价值模式计量对该写字楼进行后续计量。2×17 年 2 月 1 日，该写字楼的原价为 9 300 万元，已计提折旧 270 万元，账面价值为 8 730 万元，公允价值为 9 800 万元。北方房地产公司按净利润的 10% 计提盈余公积。假定除上述对外出租的写字楼外，北方房地产公司无其他的投资性房地产。

北方房地产公司的账务处理如下。

借：投资性房地产——成本　　98 000 000
　　投资性房地产累计折旧　　2 700 000
　　贷：投资性房地产　　93 000 000
　　　　利润分配——未分配利润　　6 930 000
　　　　盈余公积　　770 000

6.3.4 投资性房地产的转换

（一）投资性房地产转换形式和转换日

1. 房地产转换形式

房地产的转换，是因房地产用途发生改变而对房地产进行的重新分类。这里所说的房地产转换是针对房地产用途发生改变而言，而不是后续计量模式的转变。企业必须有确凿证据表明房地产用途发生改变，才能将投资性房地产转换为非投资性房地产或者将非投资性房地产转换为投资性房地产。例如，自用的办公楼改为出租等。这里的确凿证据包括两个方面：一是企业董事会或类似机构应当就改变房地产用途形成正式的书面决议；二是房地产因用途改变而发生实际状态上的改变，如从自用状态改为出租状态。房地产转换的主要形式如表 6-4 所示。

表 6-4　房地产转换形式

（1）投资性房地产开始自用，相应地由投资性房地产转换为固定资产或无形资产。投资性房地产开始自用是指企业将原来用于赚取租金或资本增值的房地产改为用于生产商品、提供劳务或者经营管理
（2）作为存货的房地产，改为出租，通常指房地产开发企业将其持有的开发产品以经营租赁的方式出租，相应地由存货转换为投资性房地产
（3）自用土地使用权停止自用，用于赚取租金或资本增值，相应地由无形资产转换为投资性房地产
（4）自用建筑物停止自用，改为出租，相应地由固定资产转换为投资性房地产
（5）房地产企业将用于经营出租的房地产重新开发用于对外销售，从投资性房地产转为存货

2. 投资性房地产转换日的确定

转换日的确定关系到资产的确认时点和入账价值，因此非常重要。转换日是指房地产的用途发生改变、状态相应发生改变的日期。转换日的确定标准如表 6-5 所示。

表 6-5　转换日的确定标准

投资性房地产开始自用	转换日是指房地产达到自用状态，企业开始将房地产用于生产商品、提供劳务或者经营管理的日期
投资性房地产转换为存货	转换日为租赁期届满、企业董事会或类似机构作出书面决议明确表明将其重新开发用于对外销售的日期
作为存货的房地产改为出租，或者自用建筑物或土地使用权停止自用改为出租	转换日通常为租赁期开始日。租赁期开始日是指承租人有权行使其使用租赁资产权利的日期

（二）投资性房地产转换为非投资性房地产

1. 采用成本模式进行后续计量的投资性房地产转换为自用房地产

企业将原本用于赚取租金或资本增值的房地产改用于生产商品、提供劳务或者经营管理时，投资性房地产相应地转换为固定资产或无形资产。例如，企业将出租的厂房收回，并用于生产本企业的产品。在此种情况下，转换日为房地产达到自用状态，企业开始将房地产用于生产商品、提供劳务或者经营管理的日期。

企业将投资性房地产转换为自用房地产，应当按该项投资性房地产在转换日的账面余额、累计折旧或摊销、减值准备等，分别转入“固定资产”“累计折旧”“固定资产减值准备”等科目；按投资性房地产的账面余额，借记“固定资产”或“无形资产”科目，贷记“投资性房地产”科目；按已计提的折旧或摊销，借记“投资性房地产累计折旧（摊销）”科目，贷记“累计折旧”或“累计摊销”科目；原已计提减值准备的，借记“投资性房地产减值准备”科目，贷记“固定资产减值准备”或“无形资产减值准备”科目。

【例 6-13】北方房地产公司将出租在外的厂房收回，开始用于本企业生产商品。该项房地产账面价值为 3 765 万元，原价 4 000 万元，累计已提折旧 1 235 万元。假设北方房地产公司采用成本计量模式。

北方房地产公司的账务处理如下。

借：固定资产　　40 000 000

　　投资性房地产累计折旧　　12 350 000

　　贷：投资性房地产　　40 000 000

　　　　累计折旧　　12 350 000

2. 采用公允价值模式进行后续计量的投资性房地产转为自用房地产

企业将采用公允价值模式计量的投资性房地产转换为自用房地产时，应当以其转换当日的公允价值作为自用房地产的账面价值，公允价值与原账面价值的差额计入当期损益。

转换日，按该项投资性房地产的公允价值，借记“固定资产”或“无形资产”科目；按该项投资性房地产的成本，贷记“投资性房地产——成本”科目；按该项投资性房地产的累计公允价值变动，贷记或借记“投资性房地产——公允价值变动”科目；按借贷方差额，贷记或借记“公允价值变动损益”科目。

【例 6-14】2×17 年 10 月 15 日，北方房地产公司因租赁期满，将出租的写字楼收回，开始作为办公楼用于本企业的行政管理。2×17 年 10 月 15 日，该写字楼的公允价值为 4 900 万元。该项房地产在转换前采用公允价值模式计量，原账面价值为 4 750 万元，其中，成本为 4 500 万元，公允价值变动为增值 250 万元。

北方房地产公司的账务处理如下。

借：固定资产　　49 000 000

　　贷：投资性房地产——成本　　45 000 000

　　　　　　　　　　——公允价值变动　　2 500 000

　　　　公允价值变动损益　　1 500 000

3. 采用成本模式进行后续计量的投资性房地产转换为存货

房地产开发企业将用于经营出租的房地产重新开发用于对外销售的，

该投资性房地产转换为存货。这种情况下，转换日为租赁期届满、企业董事会或类似机构作出书面决议明确表明将其重新开发用于对外销售的日期。

企业将投资性房地产转换为存货时，应当按照该项房地产在转换日的账面价值，借记“开发产品”科目；按照已计提的折旧或摊销，借记“投资性房地产累计折旧（摊销）”科目；原已计提减值准备的，借记“投资性房地产减值准备”科目；按其账面余额，贷记“投资性房地产”科目。

4．采用公允价值模式进行后续计量的投资性房地产转换为存货

企业将采用公允价值模式计量的投资性房地产转换为存货时，应当以其转换当日的公允价值作为存货的账面价值，公允价值与原账面价值的差额计入当期损益。

转换日，按该项投资性房地产的公允价值，借记“开发产品”等科目，按该项投资性房地产的成本，贷记“投资性房地产——成本”科目；按该项投资性房地产的累计公允价值变动，贷记或借记“投资性房地产——公允价值变动”科目；按借贷方差额，贷记或借记“公允价值变动损益”科目。

【例 6-15】北方房地产开发企业将其开发的部分写字楼用于对外经营租赁。2×17 年 10 月 15 日，因租赁期满，北方房地产公司将出租的写字楼收回，并作出书面决议，将该写字楼重新开发用于对外销售，即由投资性房地产转换为存货，当日的公允价值为 5 800 万元。该项房地产在转换前采用公允价值模式计量，原账面价值为 5 600 万元，其中，成本为 5 000 万元，公允价值增值为 500 万元。

北方房地产公司的账务处理如下。

借：开发产品	58 000 000	
贷：投资性房地产——成本		50 000 000
——公允价值变动		5 000 000
公允价值变动损益		3 000 000

（三）非投资性房地产转换为投资性房地产

1．非投资性房地产转换为采用成本模式进行后续计量的投资性房地产

（1）作为存货的房地产转换为投资性房地产

作为存货的房地产转换为投资性房地产，通常指房地产开发企业将其持有的开发产品以经营租赁的方式出租，存货相应地转换为投资性房地产。这种情况下，转换日通常为房地产的租赁期开始日。租赁期开始日是指承租人有权行使其使用租赁资产权利的日期。一般而言，对于企业自行建造或开发完成但尚未使用的建筑物，如果企业董事会或类似机构正式作出书面决议，明确表明其自行建造或开发产品用于经营出租、持有意图短期内不再发生变化的，应视为存货转换为投资性房地产，转换日为企业董事会或类似机构作出书面决议的日期。

企业将作为存货的房地产转换为采用成本模式计量的投资性房地产，应当按该项存货在转换日的账面价值，借记“投资性房地产”科目；原已计提跌价准备的，借记“存货跌价准备”科目；按其账面余额，贷记“开发产品”等科目。

【例 6–16】北方房地产公司是从事房地产开发业务的企业。2×17 年 3 月 10 日，北方房地产公司与乙企业签订了租赁协议，将其开发的一栋写字楼出租给乙企业使用，租赁期开始日为 2×17 年 4 月 15 日。2×17 年 4 月 15 日，该写字楼的账面余额 5 000 万元，未计提存货跌价准备。假设北方房地产公司采用成本模式对其投资性房地产进行后续计量。

北方房地产公司的账务处理如下。

借：投资性房地产——写字楼　　50 000 000

　　贷：开发产品　　50 000 000

（2）自用房地产转换为投资性房地产

企业将原本用于日常生产商品、提供劳务或者经营管理的房地产改用于出租，通常应于租赁期开始日，按照固定资产或无形资产的账面价值，将固定资产或无形资产相应地转换为投资性房地产。对不再用于日常生产经营活动且经整理后达到可经营出租状况的房地产，如果企业董事会或类似机构正式作出书面决议，明确表明其自用房地产用于经营出租且持有意图短期内不再发生变化的，应视为自用房地产转换为投资性房地产，转换日为企业董事会或类似机构正式作出书面决议的日期。

企业将自用土地使用权或建筑物转换为以成本模式计量的投资性房地产时，应当按该项建筑物或土地使用权在转换日的原价、累计折旧、减值准备等，分别转入“投资性房地产”“投资性房地产累计折旧（摊销）”“投资性房地产减值准备”科目；按其账面余额，借记“投资性房地产”科目，贷记“固定资产”或“无形资产”科目；按已计提的折旧或摊销，借记“累计摊销”或“累计折旧”科目，贷记“投资性房地产累计折旧（摊销）”科目；原已计提减值准备的，借记“固定资产减值准备”或“无形资产减值准备”科目，贷记“投资性房地产减值准备”科目。

【例 6-17】北方房地产公司拥有一栋办公楼，用于本企业总部办公。2×17 年 3 月 10 日，北方房地产公司与乙企业签订了经营租赁协议，将该栋办公楼整体出租给乙企业使用，租赁期开始日为 2×17 年 4 月 15 日，为期 5 年。2×17 年 4 月 15 日，该栋办公楼的账面余额为 5 000 万元，已计提折旧 300 万元。假设北方房地产公司采用成本计量模式。

北方房地产公司的账务处理如下。

借：投资性房地产——写字楼　　50 000 000
　　累计折旧　　3 000 000
　　贷：固定资产　　50 000 000
　　　　投资性房地产累计折旧　　3 000 000

2. 非投资性房地产转换为采用公允价值进行后续计量的投资性房地产

（1）作为存货的房地产转换为投资性房地产

企业将作为存货的房地产转换为采用公允价值模式计量的投资性房地产，应当按该项房地产在转换日的公允价值入账，借记“投资性房地产—成本”科目；原已计提跌价准备的，借记“存货跌价准备”科目；按其账面余额，贷记“开发产品”等科目。同时，转换日的公允价值小于账面价值的，按其差额，借记“公允价值变动损益”科目；转换日的公允价值大于账面价值的，按其差额，贷记“资本公积—其他资本公积”科目。当该项投资性房地产处置时，因转换计入资本公积的部分应转入当期损益。

【例 6–18】2×17 年 3 月 10 日，甲房地产开发公司与乙企业签订了租赁协议，将其开发的一栋写字楼出租给乙企业。租赁期开始日为 2×17 年 4 月 15 日。2×17 年 4 月 15 日，该写字楼的账面余额为 45 000 万元，公允价值为 46 000 万元。2×17 年 12 月 31 日，该项投资性房地产的公允价值为 48 000 万元。

北方房地产公司的账务处理如下。

①2×17 年 4 月 15 日

借：投资性房地产—成本　　470 000 000

　贷：开发产品　　450 000 000

　　资本公积—其他资本公积　　10 000 000

②2×17 年 12 月 31 日

借：投资性房地产—公允价值变动　　20 000 000

　贷：公允价值变动损益　　20 000 000

（2）自用房地产转换为投资性房地产

企业将自用房地产转换为采用公允价值模式计量的投资性房地产，应当按该项土地使用权或建筑物在转换日的公允价值，借记“投资性房地产——成本”科目；按已计提的累计摊销或累计折旧，借记“累计摊销”或“累计折旧”科目；原已计提减值准备的，借记“无形资产减值准备”“固定资产减值准备”科目；按其账面余额，贷记“固定资产”或“无形资产”科目。同时，转换日的公允价值小于账面价值的，按其差额，借记“公允价值变动损益”科目；转换日的公允价值大于账面价值的，按其差额，贷记“资本公积——其他资本公积”科目。当该项投资性房地产处置时，因转换计入资本公积的部分应转入当期损益。

【例 6–19】2×17 年 6 月，北方房地产公司打算搬迁至新建办公楼，由于原办公楼处于商业繁华地段，北方房地产公司准备将其出租，以赚取租金收入。2×17 年 10 月 30 日，北方房地产公司完成了搬迁工作，原办公楼停止自用，并与乙企业签订了租赁协议，将其原办公楼租赁给乙企业使用，租赁期开始日为 2×17 年 10 月 30 日，租赁期限为 3 年。2×17 年 10 月 30 日，该办公楼原价为 5 亿元，已提折旧 14250 万元，公允价值为 38000 万元。假设北方房地产公司对投资性房地产采用公允价值模式计量。

北方房地产公司的账务处理如下：

借：投资性房地产——成本　　380 000 000

　　累计折旧　　142 500 000

　　贷：固定资产　　500 000 000

　　　　其他综合收益　　22 500 000

6.3.5　投资性房地产的处置

当投资性房地产被处置，或者永久退出使用且预计不能从其处置中取得经济利益时，企业应当终止确认该项投资性房地产。

企业可以通过对外出售或转让的方式处置投资性房地产取得收益。对于那些由于使用而不断磨损直到最终报废，或者由于遭受自然灾害等非正常原因发生毁损的投资性房地产，企业应当及时进行清理。此外，企业因其他原因，如非货币性交易等而减少投资性房地产也属于投资性房地产的处置。企业出售、转让、报废投资性房地产或者发生投资性房地产毁损，应当将处置收入扣除其账面价值和相关税费后的金额计入当期损益。

（一）采用成本模式计量的投资性房地产的处置

处置采用成本模式进行后续计量的投资性房地产时，企业应当按实际收到的金额，借记“银行存款”等科目，贷记“其他业务收入”科目；按该项投资性房地产的账面价值，借记“其他业务成本”科目；按其账面余额，贷记“投资性房地产”科目；按照已计提的折旧或摊销，借记“投资性房地产累计折旧（摊销）”科目；原已计提减值准备的，借记“投资性房地产减值准备”科目。

【例 6-20】甲公司将其出租的一栋写字楼确认为投资性房地产，采用成本模式计量。租赁期届满后，甲公司将该栋写字楼出售给乙公司，合同价款为 27 000 万元，乙公司已用银行存款付清。出售时，该栋写字楼的成本为 28 000 万元，已计提折旧 5 000 万元。假设不考虑相关税费。

北方房地产公司的账务处理如下。

借：银行存款　　27 000 0000

　　贷：其他业务收入　　27 000 0000

借：其他业务成本　　230 000 000

　　投资性房地产累计折旧　　50 000 000

　　贷：投资性房地产——写字楼　　280 000 000

（二）采用公允价值模式计量的投资性房地产的处置

处置采用公允价值模式计量的投资性房地产，应当按实际收到的金额，借记“银行存款”等科目，贷记“其他业务收入”科目；按该项投资性房地产的账面余额，借记“其他业务成本”科目；按其成本，贷记“投资性房地产——成本”科目；按其累计公允价值变动，贷记或借记“投资性房地产一公允价值变动”科目。同时结转投资性房地产累计公允价值变动。若存在原转换日计入资本公积的金额，也应一并结转。

【例 6-21】甲为一家房地产开发企业，2×17 年 3 月 10 日，北方房地产公司与乙企业签订了租赁协议，将其开发的一栋写字楼出租给乙企业使用，租赁期开始日为 2×17 年 4 月 15 日。2×17 年 4 月 15 日，该写字楼的账面余额为 45 000 万元，公允价值为 47 000 万元。2×17 年 12 月 31 日，该项投资性房地产的公允价值为 48 000 万元。2×17 年 6 月租赁期届满，企业收回该项投资性房地产，并以 55 000 万元出售，出售款项已收讫。北方房地产公司采用公允价值模式计量，不考虑相关税费。

北方房地产公司的账务处理如下。

（1）2×17 年 4 月 15 日，存货转换为投资性房地产。

借：投资性房地产——成本　　470 000 000

　　贷：开发产品　　450 000 000

　　　　资本公积——其他资本公积　　20 000 000

（2）2×17 年 12 月 31 日，公允价值变动。

借：投资性房地产——公允价值变动　　10 000 000

　　贷：公允价值变动损益　　10 000 000

（3）2×17 年 6 月，出售投资性房地产。

借：银行存款　　550 000 000

　　公允价值变动损益　　10 000 000

　　资本公积——其他资本公积　　20 000 000

　　其他业务成本　　450 000 000

　　贷：投资性房地产——成本　　470 000 000

　　　　　　　　　——公允价值变动　　10 000 000

　　　　其他业务收入　　550 000 000

第7章

算一算，今年赚了多少 ——利润结转及分配

房地产开发企业经营的主要目的是获取利润。利润形成包括对营业利润、利润总额的计算，在利润总额的基础上按照税法规定缴纳企业所得税后，要按照《中华人民共和国公司法》及其股东约定对税后利润进行分配。会计处理上不仅要进行本年利润的核算，还要进行利润分配的核算。

7.1 利润结转及核算

7.1.1 利润的含义

利润是指企业在一定会计期间的经营成果。利润包括收入减去费用后的净额、直接计入当期利润的利得和损失等。直接计入当期的利得和损失，是指应当计入当期损益、会导致所有者权益发生增减变动的、与所有者投入资本或者向所有者分配利润无关的利得或者损失。通常所说的利润包括营业利润、利润总额和净利润，具体如表 7-1 所示。

表 7-1　利润的相关计算

各种利润	核算公式	相关定义
营业利润	营业利润 = 营业收入 - 营业成本 - 税金及附加 - 销售费用 - 管理费用 - 财务费用 - 资产减值损失 + 公允价值变动收益（ - 公允价值变动损失）+ 投资收益（投资损失）	营业收入是指企业经营业务所确认的收入总额，包括主营业务收入和其他业务收入。 营业成本是指企业经营业务所发生的实际成本总额，包括主营业务成本和其他业务成本。 资产减值损失是指企业计提各项资产减值准备所形成的损失。 公允价值变动收益（或损失）是指企业交易性金融资产等公允价值变动形成的应计入当期损益的利得（或损失）。 投资收益（或损失）是指企业以各种方式对外投资所取得的收益（或发生的损失）
利润总额	利润总额 = 营业利润 + 营业外收入 - 营业外支出	营业外收入是指企业发生的与其日常活动无直接关系的各项利得。 营业外支出是指企业发生的与其日常活动无直接关系的各项损失
净利润	净利润 = 利润总额 - 所得税费用	所得税费用是指企业确认的应从当期利润总额中扣除的所得税费用

7.1.2　损益核算

（一）营业收入的核算

营业收入包括的内容及相关核算方法的介绍如表 7-2 所示。

表 7-2　营业收入的内容和核算

营业收入的具体内容	具体核算
开发产品营业收入包括土地转让收入和商品房销售收入，代建房屋和代建工程结算收入，配套设施销售收入	对于实现的房地产经营收入，应在“主营业务收入”科目下按收入类别设置“土地转让收入”“商品房销售收入”“配套设施销售收入”“代建工程结算收入”等二级科目进行核算。房地产开发企业实现的房地产经营收入，应按实际收到或应收价款计入“银行存款”“应收账款”等科目的借方和“主营业务收入”科目的贷方

（二）营业成本的核算

营业成本所包括的内容及相关核算方法的介绍如表 7-3 所示。

表 7-3 营业成本的内容和核算

营业成本的内容和核算原则	具体核算
营业成本是指企业经营业务所发生的实际成本总额，包括主营业务成本和其他业务成本。根据《企业会计准则——基本准则》的规定，房地产开发企业为生产开发产品、提供劳务等发生的可归属于开发产品成本、劳务成本等的费用，应当在确认开发产品销售收入、劳务收入等时，将已销售开发产品、已提供劳务的成本等计入当期损益。根据营业收入应与其相关的成本、费用配比的原则，房地产开发企业在将各个月份实现的房地产经营收入入账时，应同时将其相关的营业成本结转入账	对于销售的商品房，企业应于月终将销售商品房的实际开发成本自“开发产品——商品房”科目的贷方转入“主营业务成本——商品房销售成本”科目的借方。 对于转让的商品性用地，应于月终将转让土地的实际开发成本自“开发产品——商品性土地”科目的贷方转入“主营业务成本——土地转让成本”科目的借方。 对于对外销售的周转房，企业应按周转房的原值减已提累计摊销额后的净值，转入“主营业务成本——周转房销售成本”科目的借方，同时注销周转房的原值和累计摊销额。 对于移交结算的代建工程，企业应于月终将移交代建工程的实际开发成本自“开发产品——代建工程”科目的贷方转入“主营业务成本——代建工程结算成本”科目的借方

（三）税金及附加的核算

房地产开发企业在销售、转让及结算开发产品实现房地产经营收入时，应按国家规定计算缴纳土地增值税、城市维护建设税和教育费附加等相关税费。月末，企业应将按规定计算确定的与当期经营活动相关的税费，计入“税金及附加”科目的借方和“应交税费”科目的贷方。

（四）营业外收支

1. 营业外收入

与营业外收入相关的内容如表 7-4 所示。

表 7-4　营业外收入的核算

含义	包含的内容	“营业外收入”科目	会计处理
企业发生的与其日常活动无直接关系的各项利得	非流动资产处置利得、盘盈利得、罚没利得、捐赠利得、确实无法支付而按规定程序经批准后转作营业外收入的应付款项等	核算营业外收入的取得及结转情况。该科目贷方登记企业确认的各项营业外收入，借方登记期末结转入本年利润的营业外收入。结转后，该科目应无余额。该科目应按照营业外收入的项目进行明细核算	确认营业外收入时，企业应借记“固定资产清理”“银行存款”“库存现金”“应付账款”等，贷记“营业外收入”。期末，企业应将“营业外收入”余额转入“本年利润”，借记“营业外收入”，贷记“本年利润”
注：营业外收入并不是企业经营资金耗费所产生的，不需要企业付出代价，实际上是经济利益的净流入，不可能也不需要与有关的费用进行配比	注：非流动资产处置利得包括固定资产处置利得和无形资产出售利得。固定资产处置利得指企业出售固定资产所取得价款或报废固定资产的材料价值和变价收入等，扣除处置固定资产的账面价值、清理费用、处置相关税费后的净收益；无形资产出售利得指企业出售无形资产所取得价款，扣除出售无形资产的账面价值、出售相关税费后的净收益。 盘盈利得主要指对于现金等清查盘点中盘盈的现金等，报经批准后计入营业外收入的金额。 罚没利得指企业取得的各项罚款，在弥补由于对违反合同或协议而造成的经济损失后的罚款净收益。 捐赠利得，指企业接受捐赠产生的利得		

2. 营业外支出

营业外支出的相关内容如表 7-5 所示。

表 7-5　营业外支出的核算

含义	包含的内容	“营业外支出”科目	会计处理
企业发生的与其日常活动无直接关系的各项损失	非流动资产处置损失、盘亏损失、罚款支出、公益性捐赠支出、非常损失等 注：流动资产处置损失包括固定资产处置损失和无形资产出售损失。固定资产处置损失指企业出售固定资产所取得价款或报废固定资产的材料价值和变价收入等，不足以抵补处置固定资产的账面价值、清理费用、处置相关税费所发生的净损失；无形资产出售损失，指企业出售无形资产所取得价款，不足以抵补出售无形资产的账面价值、出售相关税费后所发生的净损失。 盘亏损失主要指对于固定资产清查盘点中盘亏的固定资产，在查明原因处理时按确定的损失计入营业外支出的金额。 罚款支出指企业由于违反税收法规、经济合同等而支付的各种滞纳金和罚款。 公益性捐赠支出指企业对外进行公益性捐赠发生的支出。 非常损失指企业对于因客观因素（如自然灾害等）造成的损失，在扣除保险公司赔偿后应计入营业外支出的净损失	核算营业外支出的发生及结转情况。该科目借方登记企业发生的各项营业外支出，贷方登记期末结转入本年利润的营业外支出。结转后，该科目应无余额。该科目应按照营业外支出的项目进行明细核算	发生营业外支出时，借记“营业外支出”，贷记“固定资产清理”“待处理财产损溢”“库存现金”“银行存款”等。期末，企业应将“营业外支出”科目余额转入“本年利润”，借记“本年利润”，贷记“营业外支出”

【例 7-1】北方房地产公司收到某施工单位工程质量罚款 20 000 元，存入银行。北方房地产公司应依据罚款单和收款证明进行如下账务处理。

借：银行存款　　20 000

　　贷：营业外收入——罚款收入　　20 000

【例 7-2】北方房地产公司向希望工程捐款 3 000 000 元。

北方房地产公司应依据财政部门印制的捐赠票据和付款证明，进行如下账务处理。

借：营业外支出——捐赠支出　　　　3 000 000

　　贷：银行存款　　　　3 000 000

7.1.3　利润的结转

账户设置

结转利润时，企业需设置“本年利润”科目，具体如表 7-6 所示。

表 7-6　本年利润的核算

“本年利润”科目设置目的	期末会计核算	年度终了时的会计核算
核算企业本年度内实现的利润总额（或亏损总额）	将各收益类科目的余额转入“本年利润”科目的贷方；将各成本、费用类科目的余额转入“本年利润”科目的借方。转账后，“本年利润”科目如为贷方余额，反映本年度自年初开始累计实现的净利润；如为借方余额，反映本年度自年初开始累计发生的净亏损	将“本年利润”科目的全部累计余额，转入“利润分配”科目，如为净利润，借记“本年利润”科目，贷记“利润分配”科目；如为净亏损，作相反会计分录。年度结账后，“本年利润”科目无余额

【例 7-3】利润结转的会计核算

某企业在 2×17 年度决算时，各损益账户 12 月 31 日的余额如表 7-7 所示。

表 7-7　某企业 2×17 年度的损益账户　　单位：元

科目名称	结前借方余额	结前贷方余额
主营业务收入		90 000（贷）
税金及附加	4 500（借）	
主营业务成本	50 000（借）	
销售费用	2 000（借）	
管理费用	8 500（借）	

续表

科目名称	结前借方余额	结前贷方余额
财务费用	2 000（借）	
其他业务收入		9 400（贷）
其他业务成本	7 400（借）	
投资收益		1 500（贷）
营业外收入		3 500（贷）
营业外支出	1 800（借）	
所得税	8 500（借）	

根据上述资料，该企业应作如下会计处理。

（1）结转主营业务收入

借：主营业务收入　　90 000

　　贷：本年利润　　90 000

（2）结转销售税金、成本和期间费用

借：本年利润　　67 000

　　贷：税金及附加　　4 500

　　　　主营业务成本　　50 000

　　　　售费用　　2 000

　　　　管理费用　　8 500

　　　　财务费用　　2 000

（3）结转其他业务收支

借：其他业务收入　　9 400

　　贷：本年利润　　9 400

借：本年利润　　7 400

　　贷：其他业务成本　　7 400

（4）结转投资净收益

借：投资收益　　1 500

　　贷：本年利润　　1 500

（5）结转营业外收支

借：营业外收入　　3 500

　　贷：本年利润　　3 500

借：本年利润　　1 800

　　贷：营业外支出　　1 800

（6）结转本年所得税费用

借：本年利润　　8 500

　　贷：所得税费用　　8 500

（7）计算并结转本年净利润

“本年利润”科目借方发生额 = 67 000 + 7 400 + 1 800 + 8 500

= 84 700（元）

“本年利润”科目贷方发生额 = 90 000 + 9 400 + 1 500 + 3 500

= 104 400（元）

净利润 = 104 400-84 700 = 19 700（元）

借：本年利润　　19 700

　　贷：利润分配——未分配利润　　19 700

7.2 利润分配及其核算

7.2.1 利润分配的顺序

分配房地产开发企业的利润时，既要理顺产权关系，充分保障投资者的权益和收益，又要考虑便于加强宏观调控以及财产的监督和约束。

房地产开发企业实现的利润总额，应先按国家规定作相应的调整，然后依法交纳所得税。这里所说的调整，主要是指所得税前弥补亏损；投资收益中已纳税的项目或按照规定只要补交所得税的项目。因为按照现行财务制度的规定，企业发生的年度亏损，可以用下一年度的税前利润等弥补；下一年度利润不足弥补的，可以在五年内延续弥补；五年内不足弥补的，才用税后利润等弥补。所以房地产开发企业实现的年度利润，要先用以弥补以前五年内发生的亏损，然后据以计算应税所得额。投资收益如为税后利润，应从本企业利润总额中扣除后再计算应纳税所得额；否则，纳税时如不扣除，就会出现重复纳税现象。

企业交纳所得税后的利润，一般按照下列顺序分配。

（1）弥补被没收的财物损失，支付各项税收的滞纳金和罚款。

（2）弥补企业以前年度亏损。

（3）提取法定盈余公积金。法定盈余公积金按照税后利润扣除前两项后的10%提取，法定盈余公积金已达到注册资本50%时可不再提取。

（4）提取任意盈余公积。任意盈余公积是企业自愿提取的，是董事会决定要留在企业的利润。任意盈余公积提取比例，由企业自行决定。

（5）向投资者分配利润。企业以前年度未分配利润，可以并入本年度向投资者分配。开发企业当年无利润时，一般不得向投资者分配利润。股份有限公司当年如无利润，原则上不分股利，但为了维护企业股票的信誉，避免股票价格大幅度波动，如用盈余公积弥补亏损，并经股东大会特别决议，可以按照不超过股票面值6%的比率用盈余公积金分配股利；在分配股利后，企业法定盈余公积金不得低于注册资本的25%。

盈余公积金包括法定盈余公积金和任意盈余公积金，可用于弥补亏损或用于转增资本金，但转增资本金后，企业的法定盈余公积金一般不得低于注册资本的25%。

7.2.2 利润分配核算

利润分配的核算包括弥补亏损、提取盈余公积、分配股利或利润以及未分配利润等核算。

（一）弥补亏损的核算

房地产开发企业在生产经营过程中既有可能发生盈利，也有可能出现亏损。企业在当年发生亏损的情况下，与实现利润的情况相同，应当将本年发生的亏损自“本年利润”科目，转入“利润分配——未分配利润”科目，借记“利润分配——未分配利润”科目，贷记“本年利润”科目。结转后，“利润分配”科目的借方余额，即为未弥补亏损的数额。然后，企业可通过“利润分配”科目核算有关亏损的弥补情况。弥补亏损的会计处理如表 7-8 所示。

表 7-8　弥补亏损的会计处理

以税前利润弥补亏损	以当年实现的利润弥补以前年度结转的未弥补亏损，不需要进行专门的账务处理。企业应将当年实现的利润自“本年利润”科目的借方，转入“利润分配——未分配利润”科目的贷方，其贷方发生额与“利润分配——未分配利润”的借方余额自然抵补
以税后利润弥补亏损	以税后利润弥补亏损，其会计处理方法与以税前利润弥补亏损相同，也不需要进行专门的账务处理。但两者在计算交纳所得税时的处理是不同的。在以税前利润弥补亏损的情况下，其弥补的数额可以抵减当期企业应纳税所得额，而以税后利润弥补的数额，则不能作为纳税所得扣除处理
盈余公积补亏	企业在亏损年度按规定用盈余公积弥补亏损，相关会计分录如下。 借：盈余公积 　　贷：利润分配——盈余公积补亏

（二）盈余公积的核算

盈余公积的核算方法如表 7-9 所示。

表 7-9　盈余公积的核算

企业提取盈余公积时	相关会计分录如下。 借：利润分配——提取法定盈余公积 　　利润分配——提取任意盈余公积 　　贷：盈余公积——法定盈余公积 　　　　盈余公积——任意盈余公积
企业用盈余公积转增资本时	相关会计分录如下。 借：盈余公积 　　贷：实收资本或股本

（三）分配股利或利润核算

企业分配股利或利润时的核算方法如表 7-10 所示。

表 7-10 分配股利或利润的核算

经股东大会或类似机构决议，分配给股东或投资者的现金股利或利润时	相关会计分录如下。 借：利润分配——应付现金股利或利润 贷：应付股利
经股东大会或类似机构决议，分配给股东的股票股利，应在办理增资手续后	相关会计分录如下。 借：利润分配——转作股本的股利 贷：股本

（四）未分配利润核算

未分配利润的核算方法如表 7-11 所示。

表 7-11 未分配利润的核算

未分配利润含义	金额计算	会计处理
未分配利润是企业留待以后年度进行分配的结存利润，也是企业所有者权益的组成部分。相对于所有者权益的其他部分来讲，企业对于未分配利润的使用分配有较大的自主权	未分配利润是期初未分配利润，加上本期实现的净利润，减去提取的各种盈余公积和分出利润后的余额	在会计处理上，未分配利润通过“利润分配”科目进行核算。年度终了，企业应将本年实现的净利润或净亏损，转入“利润分配——未分配利润”科目；同时，将“利润分配”科目所属的其他明细科目的余额，转入“未分配利润”明细科目。结转后，“未分配利润”明细科目的贷方余额就是未分配利润的金额；如出现借方余额，则表示未弥补亏损的金额。“利润分配”科目所属的其他明细科目应无余额

【例 7-4】利润分配的会计核算

北方房地产开发公司本年实现净利润为 5 000 000 元，年初未分配利润为 0。经股东大会批准，北方房地产开发公司按当年净利润的 10% 提取法定盈余公积。假定不考虑其他因素，则北方房地产开发公司的会计分录如下。

借：利润分配——提取法定盈余公积　　　　500 000

　　贷：盈余公积——法定盈余公积　　　　500 000

本年提取盈余公积金额 =5 000 000×10%=500 000（元）

【例 7–5】盈余公积补亏的会计核算

经股东大会批准，北方房地产开发公司用以前年度提取的盈余公积弥补当年亏损，当年弥补亏损的数额为 600 000 元。假定不考虑其他因素，则北方房地产开发公司的会计分录如下。

借：盈余公积　　600 000

　　贷：利润分配——盈余公积补亏　　600 000

【例 7–6】结转利润的会计核算

北方房地产开发公司年初未分配利润为 0，本年实现净利润 2 000 000 元，本年提取法定盈余公积 200 000 元，宣告发放现金股利 800 000 元。假定不考虑其他因素，则北方房地产开发公司会计处理如下。

（1）结转本年利润

借：本年利润　　2 000 000

　　贷：利润分配——未分配利润　　2 000 000

如企业当年发生亏损，则应借记“利润分配——未分配利润”科目，贷记“本年利润”科目。

（2）提取法定盈余公积、宣告发放现金股利

借：利润分配——提取法定盈余公积　　200 000

　　　　　　——应付现金股利　　800 000

　　贷：盈余公积　　200 000

　　　　应付股利　　800 000

同时，企业还需作如下结转会计分录。

借：利润分配——未分配利润　　1 000 000

　　贷：利润分配——提取法定盈余公积　　200 000

　　　　　　　　——应付现金股利　　800 000

结转后，如果“未分配利润”明细科目的余额在贷方，表示累计未分配的利润；如果余额在借方，则表示累积未弥补的亏损。本例中，“利润分配——未分配利润”明细科目的余额在贷方，此贷方余额 1 000 000 元（本年利润 2 000 000 – 提取法定盈余公积 200 000 – 支付现金股利 800 000）元即为北方房地产开发公司本年年末的累计未分配利润。

第8章

四张表，看懂房企的三生三世
——财务会计报告

财务报表是会计人员工作的最终成果体现，财务报表主要包括资产负债表、利润表、现金流量表、所有者权益变动表等四大会计报表和会计报表附注。会计报表作为企业财务状况及经营状况的晴雨表，是财务会计报表分析的基础和纳税评估的重要资料，也是纳税评估的出发点和落脚点。它能向投资者，监管部门及公司管理层提供较全面的公司经营发展的信息，因此，是会计学习的重中之重。

8.1 财务会计报告概述

8.1.1 财务报告及其目标

财务报告是指企业对外提供的反映企业某一特定日期的财务状况和某一会计期间的经营成果、现金流量等会计信息的文件。财务报告包括财务报表和其他应当在财务报告中披露的相关信息和资料。

财务报告的目标，是向财务报告使用者提供与企业财务状况、经营成果和现金流量等有关的会计信息，反映企业管理层受托责任履行情况，有助于财务报告使用者做出经济决策。财务报告使用者通常包括投资者、债权人、政府及其有关部门和社会公众等。

8.1.2　财务报表的组成

财务报表是对企业财务状况、经营成果和现金流量的结构性表述。一套完整的财务报表至少应当包括资产负债表、利润表、现金流量表、所有者权益（或股东权益）变动表以及附注。

资产负债表、利润表和现金流量表分别从不同角度反映企业的财务状况、经营成果和现金流量。资产负债表反映企业一定时期内所拥有的资产、需偿还的债务以及股东（投资者）拥有的净资产情况；利润表反映企业一定期间的经营成果即利润或亏损的情况，表明企业运用所拥有的资产的获利能力；现金流量表反映企业在一定会计期间内的现金和现金等价物流入和流出的情况。

所有者权益变动表反映构成所有者权益的各组成部分当期的增减变动情况。企业的净利润及其分配情况是所有者权益变动的组成部分，相关信息已经在所有者权益变动表及其附注中反映，企业不需要再单独编制利润分配表。

附注是财务报表不可或缺的组成部分，是对在资产负债表、利润表、现金流量表和所有者权益变动表等报表中列示项目的文字描述或明细资料，以及对未能在这些报表中列示项目的说明等。

8.1.3　会计报表的编制要求

为了保证会计报表的质量，充分发挥其作用，我国《企业会计准则》对会计报表提出了基本要求："会计报表应按登记完整、核对无误的账簿记录和其他有关资料编制，做到数字真实、计算准确、内容完整、报送及时。"会计报表的编制要求具体如表 8-1 所示。

表 8–1　表的编制要求

基本要求	数字真实，计算准确	内容完整	编报及时
具体内容	能够真实准确地反映企业的财务状况和经营成果：会计报表中各项目的数字必须以核对无误的账簿记录和其他资料填写，不得用预计数字、估计数字代替真实数字，更不得弄虚做假，伪造报表数字。同时，企业还要对会计报表中各项目的金额采用正确计算方法，确保计算结果的准确。为了保证数字真实、准确，企业在编制会计报表时要根据程度按期结账、认真对账和财产清查，使会计账簿所有记录准确无误	会计信息的内容必须全面、系统地反映出企业经营活动的全部情况。为此，企业必须按规定的报表种类、格式和内容来编制，不得漏编漏报，在不同会计期间应编报的各种会计报表，都必须填列完整。同时，企业在每种会计报表中应填写的各项指标，不论是表内项目还是表外补充资料，都必须填列齐全，对某些不便列入报表的重要资料，应在括号内说明或以附注等形式加以说明	如果会计信息的报告期被不适当地拖延，即使是最真实最完整的会计报表也将失去其效用。所以，会计报表必须按照规定的期限和程序，及时编制、及时报送。根据我国会计制度规定：月份会计报表应于月份终了后 6 天内报出；季度报告应于季度终了后 15 天内报出；中报应于年度中期结束后 60 天内报出；年度会计报表应于年度终了后 4 个月内报出。法律、法规另有规定者，从其规定

为了保证会计报表及时报送，各企业应当科学地组织好日常核算工作，认真做好记账、算账、对账和按期结账等工作。

8.2　资产负债表

8.2.1　资产负债表概述

资产负债表是反映企业在某一特定日期的财务状况的报表。资产负债表主要反映资产、负债和所有者权益三方面的内容，并满足“资产 = 负债 + 所有者权益”平衡式。

8.2.2　资产负债表的结构

我国企业的资产负债表采用账户式结构。账户式资产负债表分左右两方，左方为资产项目，大体按资产的流动性大小排列，流动性大的资产如“货币资金”“交易性金融资产”等排在前面，流动性小的资产如“长期股权投资”“固定资产”等排在后面。右方为负债及所有者权益项目，一般按要求清偿时间的先后顺序排列，“短期借款”“应付票据”“应付账款”等需要在一年以内或者长于一年的一个正常营业周期内偿还的流动负债排在前面，“长期借款”等在一年以上才需偿还的非流动负债排在中间，在企业清算之前不需要偿还的所有者权益项目排在后面。

账户式资产负债表中的资产各项目的合计等于负债和所有者权益各项目的合计，即资产负债表左方和右方平衡。因此，账户式资产负债表可以反映资产、负债、所有者权益之间的内在关系，即“资产 = 负债 + 所有者权益”。

8.2.3　资产负债表的编制

（一）资产负债表项目的填列方法

资产负债表各项目均需填列“年初余额”和“期末余额”两栏。“年初余额”栏内的各项数字，应根据上年末资产负债表的“期末余额”栏内所列数字填列。“期末余额”栏主要有以下几种填列方法。

（1）根据总账科目余额填列。如“交易性金融资产”“短期借款”“应付票据”“应付职工薪酬”等项目，根据“交易性金融资产”“短期借款”“应付票据”“应付职工薪酬”各总账科目的余额直接填列；有些项目则需根据几个总账科目的期末余额计算填列，如“货币资金”项目，需根据“库存现金”“银行存款”“其他货币资金”三个总账科目的期末余额的合计数填列。

（2）根据明细账科目余额计算填列。如“应付账款”项目，需要根据“应付账款”和“预付款项”两个科目所属的相关明细科目的期末贷方余额计算填列；“应收账款”项目，需要根据“应收账款”和“预收款项”两个科目所属的相关明细科目的期末借方余额计算填列。

（3）根据总账科目和明细账科目余额分析计算填列。如“长期借款”项目，需要根据“长期借款”总账科目余额扣除“长期借款”科目所属的明细科目中将在一年内到期且企业不能自主地将清偿义务展期的长期借款后的金额计算填列。

（4）根据有关科目余额减去其备抵科目余额后的净额填列。如资产负债表中“应收票据”“应收账款”“长期股权投资”“在建工程”等项目，应当根据“应收票据”“应收账款”“长期股权投资”“在建工程”等科目的期末余额减去“坏账准备”“长期股权投资减值准备”“在建工程减值准备”等科目余额后的净额填列。“投资性房地产”“固定资产”项目，应当根据“投资性房地产”“固定资产”科目的期末余额减去“投资性房地产累计折旧”“累计折旧”“投资性房地产减值准备”“固定资产减值准备”备抵科目余额后的净额填列；“无形资产”项目，应当根据“无形资产”科目的期末余额，减去“累计摊销”“无形资产减值准备”备抵科目余额后的净额填列。

（5）综合运用上述填列方法分析填列。如资产负债表中的“存货”项目，需要根据“原材料”“委托加工物资”“周转材料”“材料采购”“在途物资”“发出商品”“材料成本差异”等总账科目期末余额的分析汇总数，再减去“存货跌价准备”科目余额后的净额填列。

（二）资产负债表项目的填列说明

资产负债表中资产、负债和所有者权益主要项目的填列说明如下。

1. 资产项目的填列说明

（1）“货币资金”项目，反映企业库存现金、银行结算户存款、外埠存款、银行汇票存款、银行本票存款、信用卡存款、信用证保证金存款等的合计数。本项目应根据“库存现金”“银行存款”“其他货币资金”科目期末余额的合计数填列。

（2）“交易性金融资产”项目，反映企业持有的以公允价值计量且其变动计入当期损益的为交易目的所持有的债券投资、股票投资、基金投资、权证投资等金融资产。本项目应当根据“交易性金融资产”科目的期末余额填列。

（3）“应收票据”项目，反映企业因销售商品、提供劳务等而收到的商业汇票，包括银行承兑汇票和商业承兑汇票。本项目应根据“应收票据”科目的期末余额，减去“坏账准备”科目中有关应收票据计提的坏账准备期末余额后的金额填列。

（4）“应收账款”项目，反映企业因销售商品、提供劳务等经营活动应收取的款项。本项目应根据“应收账款”和“预收账款”科目所属各明细科目的期末借方余额合计减去“坏账准备”科目中有关应收账款计提的坏账准备期末余额后的金额填列。如“应收账款”科目所属明细科目期末有贷方余额的，应在资产负债表“预收款项”项目内填列。

（5）“预付款项”项目，反映企业按照购货合同规定预付给供应单位的款项等。本项目应根据“预付账款”和“应付账款”科目所属各明细科目的期末借方余额合计数，减去“坏账准备”科目中有关预付款项计提的坏账准备期末余额后的金额填列。如“预付账款”科目所属明细科目期末有贷方余额的，应在资产负债表“应付账款”项目内填列。

（6）“应收利息”项目，反映企业应收取的债券投资等的利息。本项目应根据“应收利息”科目的期末余额，减去“坏账准备”科目中有关应收利息计提的坏账准备期末余额后的金额填列。

（7）“应收股利”项目，反映企业应收取的现金股利和应收取其他单位分配的利润。本项目应根据“应收股利”科目的期末余额，减去“坏账准备”科目中有关应收股利计提的坏账准备期末余额后的金额填列。

（8）“其他应收款”项目，反映企业除应收票据、应收账款、预付账款、应收股利、应收利息等经营活动以外的其他各种应收、暂付的款项。

本项目应根据“其他应收款”科目的期末余额，减去“坏账准备”科目中有关其他应收款计提的坏账准备期末余额后的金额填列。

（9）“存货”项目，反映企业期末各种存货的可变现净值。房地产开发企业的存货是指企业在日常活动中持有的以备出售的开发产品，处在开发过程中的在建开发产品、在开发过程或提供劳务过程中耗用的材料、物资、设备等。房地产开发企业的存货主要包括各类材料、库存设备、低值易耗品、委托加工物资、在建开发产品、已完工待售开发产品、周围房等、存货属于企业的流动资产。

（10）“一年内到期的非流动资产”项目，反映企业将于一年内到期的非流动资产项目金额。本项目应根据有关科目的期末余额填列。

（11）“长期股权投资”项目，反映企业持有的对子公司、联营企业和合营企业的长期股权投资。本项目应根据“长期股权投资”科目的期末余额，减去“长期股权投资减值准备”科目的期末余额后的金额填列。

（12）“固定资产”项目，反映企业各种固定资产原价减去累计折旧和累计减值准备后的净额。本项目应根据“固定资产”科目的期末余额，减去“累计折旧”和“固定资产减值准备”科目期末余额后的金额填列。

（13）“在建工程”项目，反映企业期末各项未完工程的实际支出，包括交付安装的设备价值、未完建筑安装工程已经耗用的材料、工资和费用支出、预付出包工程的价款等的可收回金额。本项目应根据“在建工程”科目的期末余额，减去“在建工程减值准备”科目期末余额后的金额填列。

（14）“工程物资”项目，反映企业尚未使用的各项工程物资的实际成本。本项目应根据“工程物资”科目的期末余额填列。

（15）“固定资产清理”项目，反映企业因出售、毁损、报废等原因转入清理但尚未清理完毕的固定资产的净值，以及固定资产清理过程中所发生的清理费用和变价收入等各项金额的差额。本项目应根据“固定资产清理”科目的期末借方余额填列，如“固定资产清理”科目期末为贷方余额，以“—”号填列。

（16）“无形资产”项目，反映企业持有的无形资产，包括专利权、非专利技术、商标权、著作权、土地使用权等。本项目应根据“无形资产”科目的期末余额，减去“累计摊销”和“无形资产减值准备”科目的期末余额后的金额填列。

（17）“开发支出”项目，反映企业开发无形资产过程中能够资本化的形成无形资产成本的支出部分。本项目应当根据“研发支出”科目中所属的“资本化支出”明细科目的期末余额填列。

（18）“长期待摊费用”项目，反映企业已经发生但应由本期和以后各期负担的分摊期限在一年以上的各项费用。长期待摊费用中在一年内（含一年）摊销的部分，在资产负债表“一年内到期的非流动资产”项目填列。本项目应根据“长期待摊费用”科目的期末余额减去将于一年内（含一年）摊销的数额后的金额填列。

（19）“其他非流动资产”项目，反映企业除长期股权投资、固定资产、在建工程、工程物资、无形资产等以外的其他非流动资产。本项目应根据有关科目的期末余额填列。

2. 负债项目的填列说明

（1）“短期借款”项目，反映企业向银行或其他金融机构等借入的期限在一年以下（含一年）的各种借款。本项目应根据“短期借款”科目的期末余额填列。

（2）“应付票据”项目，反映企业因购买材料、商品和接受劳务供应等而开出、承兑的商业汇票，包括银行承兑汇票和商业承兑汇票。本项目应根据“应付票据”科目的期末余额填列。

（3）“应付账款”项目，反映企业因购买材料、商品和接受劳务供应等经营活动应支付的款项。本项目应根据“应付账款”和“预付账款”科目所属各明细科目的期末贷方余额合计数填列；如“应付账款”科目所属明细科目期末有借方余额，则应在资产负债表“预付款项”项目内填列。

（4）“预收款项”项目，核算企业按照合同规定或交易双方之约定，而向购买单位或接受劳务的单位在未发出商品或提供劳务时预收的款项。本项目应根据“预收账款”和“应收账款”科目所属各明细科目的期末贷方余额合计数填列。如“预收账款”科目所属明细科目期末有借方余额的，应在资产负债表“应收账款”项目内填列。

（5）“应付职工薪酬”项目，反映企业根据有关规定应付给职工的工资、职工福利、社会保险费、住房公积金、工会经费、职工教育经费、非货币性福利、辞退福利等各种薪酬。外商投资企业按规定从净利润中提取的职工奖励及福利基金，也在本项目列示。

（6）“应交税费”项目，反映企业按照税法规定计算应交纳的各种税费，包括增值税、消费税、所得税、资源税、土地增值税、城市维护建设税、房产税、土地使用税、车船税、教育费附加、矿产资源补偿费等。企业代扣代交的个人所得税，也通过本项目列示。企业所交纳的税金不需要预计应交数的，如印花税、耕地占用税等，不在本项目列示。本项目应根据“应交税费”科目的期末贷方余额填列；如“应交税费”科目的期末为借方余额，则应以“—”号填列。

（7）“应付利息”项目，反映企业按照规定应当支付的利息，包括分期付息到期还本的长期借款应支付的利息、企业发行的企业债券应支付的利息等。本项目应根据“应付利息”科目的期末余额填列。

（8）“应付股利”项目，反映企业分配的现金股利或利润。企业分配的股票股利，不通过本项目列示。本项目应根据“应付股利”科目的期末余额填列。

（9）“其他应付款”项目，反映企业除应付票据、应付账款、预收款项、应付职工薪酬、应付股利、应付利息、应交税费等经营活动以外的其他各项应付、暂收的款项。本项目应根据“其他应付款”科目的期末余额填列。

（10）“一年内到期的非流动负债”项目，反映企业非流动负债中将于资产负债表日后一年内到期部分的金额，如将于一年内偿还的长期借款。

本项目应根据有关科目的期末余额填列。

（11）“长期借款”项目，反映企业向银行或其他金融机构借入的期限在一年以上（不含一年）的各项借款。本项目应根据“长期借款”科目的期末余额填列。

（12）“应付债券”项目，反映企业为筹集长期资金而发行的债券本金和利息。本项目应根据“应付债券”科目的期末余额填列。

（13）“其他非流动负债”项目，反映企业除长期借款、应付债券等项目以外的其他非流动负债。本项目应根据有关科目的期末余额填列。“其他非流动负债项目”应根据有关科目期末余额减去将于一年内（含一年）到期偿还数后的余额填列。非流动负债各项目中将于一年内（含一年）到期的非流动负债，应在“一年内到期的非流动负债”项目内单独反映。

3. 所有者权益项目的填列说明

（1）“实收资本（或股本）”项目，反映企业各投资者实际投入的资本（或股本）总额。本项目应根据“实收资本（或股本）”科目的期末余额填列。

（2）“资本公积”项目，反映企业资本公积的期末余额。本项目应根据“资本公积”科目的期末余额填列。

（3）“盈余公积”项目，反映企业盈余公积的期末余额。本项目应根据“盈余公积”科目的期末余额填列。

（4）“未分配利润”项目，反映企业尚未分配的利润。本项目应根据“本年利润”科目和“利润分配”科目的余额计算填列。未弥补的亏损在本项目内以“—”号填列。

【例 8–1】资产负债表的编制

北方房地产开发公司 2×17 年 12 月 31 日的资产负债表（年初余额略）及 2×18 年 12 月 31 日的科目余额表分别如表 8–2 和表 8–3 所示。假设该公司 2×18 年度除计提固定资产减值准备导致固定资产账面价值与其计税基础存在可抵扣暂时性差异外，其他资产和负债项目的账面价值均等于其计税基础。假定该公司未来很可能获得足够的应纳税所得额用来抵扣可抵扣暂时性差异，适用的所得税税率为 25%。

根据上述资料编制该公司 2×18 年 12 月 31 日的资产负债表。

表 8–2　资产负债表　　会企 01 表

编制单位：北方房地产开发公司　　日期：2×17 年 12 月 31 日　　单位：元

资产	期末余额	年初余额	负债和股东权益	期末余额	年初余额
流动资产：			流动负债：		
货币资金	1 406 300		短期借款	300 000	
以公允价值计量且其变动计入当期损益的金融资产	15 000		以公允价值计量且其变动计入当期损益的金融负债	0	
应收票据	246 000		应付票据	200 000	
应收账款	299 100		应付账款	953 800	
预付款项	100 000		预收款项	500 000	
应收利息	0		应付职工薪酬	110 000	
应收股利	0		应交税费	36 600	
其他应收款	5 000		应付利息	0	
存货	2 580 000		应付股利	0	
一年内到期的非流动资产	0		其他应付款	50 000	
其他流动资产	100 000		一年内到期的非流动负债	501 000	
流动资产合计	4 751 400		其他流动负债	0	
非流动资产：			流动负债合计	2 651 400	
可供出售金融资产	0		非流动负债：		
持有至到期投资	0		长期借款	600 000	
长期应收款	0		应付债券	0	
长期股权投资	250 000		长期应付款	0	

续表

资产	期末余额	年初余额	负债和股东权益	期末余额	年初余额
投资性房地产	0		专项应付款	0	
固定资产	1 100 000		预计负债	0	
在建工程	1 500 000		递延收益		
工程物资	0		递延所得税负债	0	
固定资产清理	0		其他非流动负债	0	
生产性生物资产	0		非流动负债合计	600 000	
油气资产	0		负债合计	3 251 400	
无形资产	600 000		股东权益：		
开发支出	0		实收资本（或股本）	5 000 000	
商誉	0		资本公积	0	
长期待摊费用	0		减：库存股	0	
递延所得税资产	0		其他综合收益	100 000	
其他非流动资产	200 000		盈余公积	50 000	
非流动资产合计	3 650 000		未分配利润	5 150 000	
			股东权益合计		
资产总计	8 401 400		负债和股东权益总计	8 401 400	

表 8–3　科目余额表

单位：元

科目名称	借方余额	科目名称	贷方余额
库存现金	125 566.75	短期借款	50 000
银行存款	344 943.25	应付票据	100 000
其他货币资金	240 690	应付账款	603 800
交易性金融资产	0	应付股利	100 000
应收票据	46 000	预收账款	350 000

续表

科目名称	借方余额	科目名称	贷方余额
应收账款	600 100	其他应付款	50 000
坏账准备	1 600	应付职工薪酬	180 000
预付账款	100 000	应交税费	100 000
其他应收款	5 000	应付利息	0
材料采购	305 000	应付股利	0
原材料	732 000	一年内到期的长期负债	0
周转材料	230 000	长期借款	1 160 000
库存商品	1 287 700	股本	5 000 000
材料成本差异	20 000	盈余公积	166 621.10
其他流动资产	7 125	利润分配（未分配利润）	108 037.15
长期股权投资	250 000		
固定资产	2 401 000		
累计折旧	140 000		
固定资产减值准备	30 000		
工程物资	100 000		
在建工程	603 933.25		
无形资产	600 000		
累计摊销	30 000		
递延所得税资产	7 500		
其他长期资产	162 500		
合计	7 968 458.25	合计	7 968 458.25

根据上述资料，北方房地产开发公司 2×18 年的资产负债表如表 8-4 所示。

表 8-4　资产负债表　　　　会企 01 表

编制单位：北方房地产开发公司　　　　日期：2×18 年 12 月 31 日　　　　单位：元

资产	期末余额	年初余额	负债和所有者权益(或股东权益)	期末余额	年初余额
流动资产：			流动负债：		
货币资金	712 200	1 406 300	短期借款	50 000	300 000
以公允价值计量且其变动计入当期损益的金融资产	0	15 000	以公允价值计量且其变动计入当期损益的金融负债	0	0
应收票据	46 000	246 000	应付票据	100 000	200 000
应收账款	598 500	299 100	应付账款	603 800	953 800
预付款项	100 000	100 000	预收款项	350 000	500 000
应收利息	0	0	应付职工薪酬	180 000	110 000
应收股利	0	0	应交税费	100 000	36 600
其他应收款	5 000	5 000	应付利息	0	0
存货	2 574 700	2 580 000	应付股利	100 000	0
一年内到期的非流动资产	0	0	其他应付款	50 000	50 000
其他流动资产	7 125	100 000	一年内到期的非流动负债	0	501 000
流动资产合计	4 043 525	4 751 400	其他流动负债	0	0
非流动资产：			流动负债合计	1 533 800	2 651 400
可供出售金融资产	0	0	非流动负债：		
持有至到期投资	0	0	长期借款	1 160 000	600 000
长期应收款	0	0	应付债券	0	0

续表

资产	期末余额	年初余额	负债和所有者权益(或股东权益)	期末余额	年初余额
长期股权投资	250 000	250 000	长期应付款	0	0
投资性房地产	0	0	专项应付款	0	0
固定资产	2 231 000	1 100 000	预计负债	0	0
在建工程	603 933.25	1 500 000	递延收益	0	0
工程物资	100 000	0	递延所得税负债	0	0
固定资产清理	0	0	其他非流动负债	0	0
生产性生物资产	0	0	非流动负债合计	1 160 000	600 000
油气资产	0	0	负债合计	2 693 800	3 251 400
无形资产	570 000	600 000	所有者权益（或股东权益）：		
开发支出	0	0	实收资本（或股本）	5 000 000	5 000 000
商誉	0	0	资本公积	0	0
长期待摊费用	0	0	减：库存股		
递延所得税资产	7 500	0	盈余公积	166 621.10	100 000
其他非流动资产	162 500	200 000	未分配利润	108 037.15	50 000
非流动资产合计	3 924 933.25	3 650 000	所有者权益（或股东权益）合计	5 274 658.25	5 150 000
资产总计	7 968 458.25	8 401 400	负债和所有者权益(或股东权益)总计	7 968 458.25	8 401 400

8.3　利润表

8.3.1　利润表的概念和作用

利润表是指反映企业在一定会计期间的经营成果的报表。利润表可以反映企业在一定会计期间收入、费用、利润（或亏损）的数额、构成情况，帮助财务报表使用者全面了解企业的经营成果、分析企业的获利能力及盈利增长趋势，从而为其做出经济决策提供依据。

8.3.2　利润表的格式及内容

我国企业利润表采用多步式格式，如表 8-5 所示。

表 8-5　利润表格式　　　　会企 02 表

编制单位：　　　　年　月　　　　单位：元

项目	本期金额	上期金额
一、营业收入		
减：营业成本		
税金及附加		
销售费用		
管理费用		
财务费用		
资产减值损失		
加：公允价值变动收益（损失以“—”填列）		
投资收益（损失以“—”填列）		
其中：对联营企业和合营企业的投资收益		
其他收益		
二、营业利润（亏损以“—”填列）		
加：营业外收入		

续表

项目	本期金额	上期金额
其中：非流动资产处置利得		
减：营业外支出		
其中：非流动资产处置损失		
三、利润总额（亏损总额以“—”填列）		
减：所得税费用		
四、净利润（净亏损以“—”填列）		
五、每股收益		
（一）基本每股收益		
（二）稀释每股收益		

8.3.3 利润表的编制

1. 利润表项目的填列

利润表各项目均需填列“本期金额”和“上期金额”两栏。在编制中期利润表时，“本期金额”栏应分为“本期金额”和“年初至本期末累计发生额”两栏，分别填列各项目本中期（月、季或半年）各项目实际发生额，以及自年初起至本中期（月、季或半年）末止的累计实际发生额。“上期金额”栏应分为“上年可比本中期金额”和“上年初至可比本中期末累计发生额”两栏，应根据上年可比中期利润表“本期金额”下对应的两栏数字分别填列。上年度利润表与本年度利润表的项目名称和内容不一致的，应对上年度利润表项目的名称和数字按本年度的规定进行调整。年终结账时，由于全年的收入和支出已全部转入“本年利润”科目，并且通过收支对比结出本年净利润的数额。因此，应将年度利润表中的“净利润”数字，与“本年利润”科目结转到“利润分配——未分配利润”科目的数字相核对，检查账簿记录和报表编制的正确性。

利润表“本期金额”“上期金额”栏内各项数字，除“第股收益”项目外，应当按照相关科目发生额分析填列。

2. 利润表项目的填列说明

利润表项目的填列说明如表 8-6 所示。

表 8-6　利润表项目的填列说明

利润表项目	反映内容	填列说明
“营业收入”	反映企业经营主要业务和其他业务所确认的收入总额	据“主营业务收入”和“其他业务收入”科目的发生额分析填列
“营业成本”	反映企业经营主要业务和其他业务所发生的成本总额	据“主营业务成本”和“其他业务成本”科目的发生额分析填列
“税金及附加”	反映企业经营业务应负担的消费税、城市建设维护税、资源税、土地增值税和教育费附加等	据“税金及附加”科目的发生额分析填列
“销售费用”	反映企业在销售商品过程中发生的包装费、广告费等费用和为销售本企业商品而专设的销售机构的职工薪酬、业务费等经营费用	据“销售费用”科目的发生额分析填列
“管理费用”	反映企业为组织和管理生产经营所发生的管理费用	据“管理费用”的发生额分析填列
“财务费用”	反映企业筹集生产经营所需资金等而发生的筹资费用	据“财务费用”科目的发生额分析填列
“资产减值损失”	反映企业各项资产发生的减值损失	据“资产减值损失”科目的发生额分析填列
“公允价值变动收益”	反映企业应当计入当期损益的资产或负债公允价值变动收益	据“公允价值变动损益”科目的发生额分析填列，如为净损失，本项目以“—”填列
“投资收益”	反映企业以各种方式对外投资所取得的收益	据“投资收益”科目的发生额分析填列。如为投资损失，本项目以“—”填列
“营业利润”	反映企业实现的营业利润	如为亏损，本项目以“—”填列

续表

利润表项目	反映内容	填列说明
“营业外收入”	反映企业发生的与经营业务无直接关系的各项收入	据“营业外收入”科目的发生额分析填列
“营业外支出”	反映企业发生的与经营业务无直接关系的各项支出	据“营业外支出”科目的发生额分析填列
“利润总额”	反映企业实现的利润	如为亏损，本项目以“—”填列
“所得税费用”	反映企业应从当期利润总额中扣除的所得税费用	据“所得税费用”科目的发生额分析填列
“净利润”	反映企业实现的净利润	如为亏损，本项目以“—”填列

【例 8-2】利润表的编制

北方房地产开发公司 2×18 年度有关损益类科目本年累计发生净额如表 8-7 所示。

表 8-7　损益类科目 2×18 年度累计发生净额

科目名称	借方发生额	贷方发生额
主营业务收入		2 470 000
主营业务成本	732 000	
税金及附加	20 000	
销售费用	180 000	
管理费用	153 100	
财务费用	40 500	
资产减值损失	30 800	
投资收益		95 000
营业外收入		150 000
营业外支出	18 500	
所得税费用	205 000	

根据上述资料，编制该公司 2×18 年度利润表，如表 8-8 所示。

表 8-8　利润表格式　　　　　　会企 02 表

编制单位：北方房地产开发公司　　　　　2×18 年度　　　　　单位：元

项目	本期金额	上期金额（略）
一、营业收入	2 470 000	
减：营业成本	732 000	
税金及附加	20 000	
销售费用	180 000	
管理费用	153 100	
财务费用	40 500	
资产减值损失	30 800	
加：公允价值变动收益（损失以"—"填列）	0	
投资收益（损失以"—"填列）	95 000	
其中：对联营企业和合营企业的投资收益	0	
其他收益		
二、营业利润（亏损以"—"填列）	1 408 600	
加：营业外收入	150 000	
其中：非流动资产处置利得		
减：营业外支出	18 500	
其中：非流动资产处置损失	（略）	
三、利润总额（亏损总额以"—"填列）	1 540 100	
减：所得税费用	205 000	
四、净利润（净亏损以"—"填列）	1 335 100	
五、每股收益：	（略）	
（一）基本每股收益		
（二）稀释每股收益		

8.4 现金流量表

8.4.1 现金流量表的概念和作用

现金流量表是反映企业在一定会计期间现金和现金等价物流入和流出的报表。

现金流量表可以为报表使用者提供企业一定会计期间内现金和现金等价物流入和流出的信息，便于使用者了解和评价企业获取现金和现金等价物的能力，据以预测企业未来现金流量。

8.4.2 现金流量及其分类

现金流量的相关概念介绍如表 8-9 所示，现金流量的分类及产生如表 8-10 所示。

表 8-9 现金流量的相关概念

概念	具体含义	相关说明
现金流量	一定会计期间内企业现金和现金等价物的流入和流出	企业从银行提取现金、用现金购买短期到期的国库券等现金和现金等价物之间的转换不属于现金流量
现金	企业库存现金以及可以随时用于支付的存款，包括库存现金、银行存款和其他货币资金（如外埠存款、银行汇票存款、银行本票存款等）等	不能随时用于支付的存款不属于现金
现金等价物	企业持有的期限短、流动性强、易于转换为已知金额现金、价值变动风险很小的投资。期限短，一般是指从购买日起三个月内到期	通常包括三个月内到期的债券投资等。权益性投资变现的金额通常不确定，因而不属于现金等价物。企业应当根据具体情况，确定现金等价物的范围，一经确定不得随意变更

表 8-10　现金流量的分类及产生

现金流量的分类	相关活动的概念	现金流的产生途径
经营活动产生的现金流量	经营活动：企业投资活动和筹资活动以外的所有交易和事项	销售商品或提供劳务、购买商品、接受劳务、支付工资和交纳税款等流入和流出的现金和现金等价物
投资活动产生的现金流量	投资活动：企业长期资产的购建和不包括在现金等价物范围内的投资及其处置活动	购建固定资产、处置子公司及其他营业单位等流入和流出的现金和现金等价物
筹资活动产生的现金流量	筹资活动：导致企业资本及债务规模和构成发生变化的活动	吸收投资、发行股票、分配利润、发行债券、偿还债务等流入和流出的现金和现金等价物。偿付应付账款、应付票据等商业应付款等属于经营活动，不属于筹资活动

8.4.3　现金流量表的结构和内容

我国企业现金流量表采用报告式结构，分类反映经营活动产生的现金流量、投资活动产生的现金流量和筹资活动产生的现金流量，最后汇总反映企业某一期间现金及现金等价物的净增加额。我国企业现金流量表的格式如表 8-11 所示。

表 8-11　现金流量表　　　　**会企 03 表**

编制单位：　　　　　　　　年　　月　　　　　　　　单位：元

项目	本期金额	上期金额
一、经营活动产生的现金流量		
销售商品、提供劳务收到的现金		
收到的税费返还		
收到其他与经营活动有关的现金		
经营活动现金流入小计		
购买商品、接受劳务支付的现金		
支付给职工以及为职工支付的现金		

续表

项目	本期金额	上期金额
支付的各项税费		
支付其他与经营活动有关的现金		
经营活动现金流出小计		
经营活动产生的现金流量净额		
二、投资活动产生的现金流量		
收回投资收到的现金		
取得投资收益收到的现金		
处置固定资产、无形资产和其他长期资产收回的现金净额		
处置子公司及其他营业单位收到的现金净额		
收到其他与投资活动有关的现金		
投资活动现金流入小计		
购建固定资产、无形资产和其他长期资产支付的现金		
投资支付的现金		
取得子公司及其他营业单位支付的现金净额		
支付其他与投资活动有关的现金		
投资活动现金流出小计		
投资活动产生的现金流量净额		
三、筹资活动产生的现金流量		
吸收投资收到的现金		
取得借款收到的现金		
收到其他与筹资活动有关的现金		
筹资活动现金流入小计		
偿还债务支付的现金		
分配股利、利润或偿付利息支付的现金		
支付其他与筹资活动有关的现金		

续表

项目	本期金额	上期金额
筹资活动现金流出小计		
筹资活动产生的现金流量净额		
四、汇率变动对现金及现金等价物的影响		
五、现金及现金等价物净增加额		
加：其实现金及现金等价物余额		
六、期末现金及现金等价物余额		

8.4.4　现金流量表的编制

企业应当采用直接法列示经营活动产生的现金流量。直接法是指通过现金收入和现金支出的主要类别列示经营活动的现金流量。采用直接法编制经营活动的现金流量时，一般以利润表中的营业收入为起算点，调整与经营活动有关的项目的增减变动，然后计算出经营活动的现金流量。企业采用直接法具体编制现金流量表时，可以采用工作底稿法或 T 型账户法，也可以根据有关科目记录分析填列。对经营活动产生的现金流量的介绍如表 8-12 所示，投资活动产生的现金流量的介绍如表 8-13 所示，筹资活动产生的现金流量如表 8-14 所示。

表 8-12　经营活动产生的现金流量

“销售商品、提供劳务收到的现金”	反映企业本年销售商品、提供劳务收到的现金，以及以前年度销售商品、提供劳务本年收到的现金（包括应向购买者收取的增值税销项税额）和本年预收的款项，减去本年销售本年退回商品和以前年度销售本年退回商品支付的现金。企业销售材料和代购代销业务收到的现金，也在本项目反映
“收到的税费返还”	反映企业收到返还的所得税、增值税、消费税、关税和教育费附加等各种税费返还款
“收到其他与经营活动有关的现金”	反映企业经营租赁收到的租金等其他与经营活动有关的现金流入，金额较大的应当单独列示

续表

“购买商品、接受劳务支付的现金”	反映企业本年购买商品、接受劳务实际支付的现金（包括增值税进项税额），以及本年支付以前年度购买商品、接受劳务的未付款项和本年预付款项，减去本年发生的购货退回收到的现金。企业购买材料和代购代销业务支付的现金，也在本项目反映
“支付给职工以及为职工支付的现金”	反映企业本年实际支付给职工的工资、资金、各种津贴和补贴等职工薪酬（包括代扣代缴的职工个人所得税）
支付的各项税费”	反映企业本年发生并支付、以前各年发生本年支付以及预交的各项税费，包括所得税、增值税、消费税、印花税、房产税、土地增值税、车船使用税、教育费附加等
“支付其他与经营活动有关的现金”	反映企业经营租赁支付的租金、支付的差旅费、业务招待费、保险费、罚款支出等其他与经营活动有关的现金流出，金额较大的应当单独列示

表 8–13　投资活动产生的现金流量

“收回投资收到的现金”	反映企业出售、转让或到期收回除现金等价物以外的对其他企业长期股权投资而收到的现金，但处置子公司及其他营业单应收到的现金净额除外
“取得投资收益收到的现金”	反映企业除现金等价物以外的对其他企业的长期股权投资等分回的现金股利和利息等
“处置固定资产、无形资产和其他长期资产收回的现金净额”	反映企业出售、报废固定资产、无形资产和其他长期资产所取得的现金（包括因资产毁损而收到的保险赔偿收入），减去为处置这些资产而支付的有关费用后的净额
“处置子公司及其他营业单应收到的现金净额”	反映企业处置子公司及其他营业单位所取得的现金，减去相关处置费用以及子公司及其他营业单位持有的现金和现金等价物后的净额
“购建固定资产、无形资产和其他长期资产支付的现金”	反映企业购买、建造固定资产、取得无形资产和其他长期资产所支付的现金（含增值税款等），以及用现金支付的应由在建工程和无形资产负担的职工薪酬
“投资支付的现金”	反映企业取得除现金等价物以外的对其他企业的长期股权投资所支付的现金以及支付的佣金、手续费等附加费用，但取得子公司及其他营业单位支付的现金净额除外

续表

“取得子公司及其他营业单位支付的现金净额”	反映企业购买子公司及其他营业单位购买出价中以现金支付的部分，减去子公司及其他营业单位持有的现金和现金等价物后的净额
“收到其他与投资活动有关的现金”与“支付其他与投资活动有关的现金”	反映企业除上述项目外收到或支付的其他与投资活动有关的现金，金额较大的应当单独列示

表 8–14　筹资活动产生的现金流量

“吸收投资收到的现金”	反映企业以发行股票、债券等方式筹集资金实际收到的款项，减去直接支付的佣金、手续费、宣传费、咨询费、印刷费等发行费用后的净额
“取得借款收到的现金”	反映企业举借各种短期、长期借款而收到的现金
“偿还债务支付的现金”	反映企业为偿还债务本金而支付的现金
“分配股利、利润或偿付利息支付的现金”	反映企业实际支付的现金股利、支付给其他投资单位的利润或用现金支付的借款利息、债券利息
“收到其他与筹资活动有关的现金”“支付其他与筹资活动有关的现金”	反映企业除上述项目外收到或支付的其他与筹资活动有关的现金，金额较大的应当单独列示

另外，“汇率变动对现金及现金等价物的影响”项目，反映下列项目之间的差额。

（1）企业外币现金流量折算为记账本位币时，采用现金流量发生日的即期汇率近似的汇率折算的金额（编制合并现金流量表时折算境外子公司的现金流量，应当比照处理）。

（2）企业外币现金及现金等价物净增加额按年末汇率折算的金额填列。

【例 8–3】现金流量表的编制

沿用例 8–1 和例 8–2 的资料，北方房地产开发公司其他相关资料如下。

1．2×18 年度利润表有关项目的明细资料

（1）管理费用的组成：职工薪酬 80 000 元，无形资产摊销 30 000 元，折旧费

20 000元，支付其他费用23 100元。

（2）财务费用的组成：计提借款利息10 500元，支付应收票据（银行承兑汇票）贴现利息30 000元。

（3）资产减值损失的组成：计提坏账准备800元，计提固定资产减值准备30 000元。上年年末坏账准备余额为800元。

（4）投资收益的组成：收到股息收入90 500元，与本金一起收回的交易性股票投资收益500元，自公允价值变动损益结转投资收益4 000元。

（5）营业外收入的组成：处置固定资产净收益150 000元（其所处置固定资产原价为400 000元，累计折旧为250 000元。收到处置收入300 000元）。假定不考虑与固定资产处置有关的税费。

（6）营业外支出的组成：报废固定资产净损失18 500元（其所报废固定资产原价为200 000元，累计折旧为180 000元，支付清理费用300元，收到残值收入1 800元）。

（7）所得税费用的组成：当期所得税费用212 500元，递延所得税收益7 500元。

除上述项目外，利润表中的销售费用180 000元至期末已经支付。

2. 资产负债表有关项目的明细资料

（1）本期收回交易性股票投资本金15 000元、公允价值变动4 000元，同时实现投资收益500元。

（2）存货中生产成本、制造费用的组成：职工薪酬353 800元。折旧费90 000元。

（3）应交税费的组成：本期增值税进项税额165 512元，增值税销项税额207 536元，已交增值税10 000元；应交所得税期末余额为21 376元，应交所得税期初余额为0；应交税费期末数中应由在建工程负担的部分为100 000元。

（4）应付职工薪酬的期初数无应付在建工程人员的部分，本期支付在建工程人员职工薪酬200 000元。应付职工薪酬的期末数中应付在建工程人员的部分为25 000元。

（5）应付利息均为短期借款利息，其中本期计提利息10 500元，支付利息10 500元。

（6）本期用现金购买固定资产1 200 000元，工程物资100 000元。

（7）本期用现金偿还短期借款250 000元，偿还一年内到期的长期借款501 000元；借入长期借款560 000元。

根据以上资料，采用分析填列的方法，编制北方公司 2×18 年度的现金流量表。

北方公司 2×18 年度现金流量表各项目金额，分析确定如下。

销售商品、提供劳务收到的现金 = 主营业务收入 + 应交税费（应交增值税 – 销项税额）+（应收账款年初余额 – 应收账款期末余额）+（应收票据年初余额 – 应收票据期末余额）– 当期计提的坏账准备 – 票据贴现的利息 +（预收账款期末余额 – 预收账款年初余额）

=2470 000+207 536+（299 100–598 500）+（246 000–46 000）–800–30 000+（350 000–500 000）=2 397 336（元）

购买商品、接受劳务支付的现金 = 主营业务成本 + 应交税费（应交增值税 – 进项税额）–（存货年初余额 – 存货期末余额）+（应付账款年初余额 – 应付账款期末余额）+（应付票据年初余额 – 应付票据期末余额）+（预付账款期末余额 – 预付账款年初余额）– 当期列入生产成本、制造费用的职工薪酬 – 当期列入生产成本、制造费用的折旧费和固定资产修理费

=732 000+165 512 –（2 580 000–2 574 700）+（953 800–603 800）+（200 000 –100 000）+（100 000–100 000）–353 800–90 000

=898 412（元）

支付给职工以及为职工支付的现金 = 生产成本、制造费用、管理费用中职工薪酬 +（应付职工薪酬年初余额 – 应付职工薪酬期末余额）–[应付职工薪酬（在建工程）年初余额 – 应付职工薪酬（在建工程）期末余额]

=353 800+80 000+（110 000–180 000）–（0–25 000）

=388 800（元）

支付的各项税费 = 当期所得税费用 + 税金及附加 + 应交税费（应交增值税 – 已交税金）–（应交所得税期末余额 – 应交所得税期初余额）

=212 500+20 000+100 000–（21 376–0）

=311 124（元）

支付其他与经营活动有关的现金 = 其他管理费用 + 销售费用 =23 100+180 000

=203 100（元）

收回投资收到的现金 = 交易性金融资产贷方发生额 + 与交易性金融资产一起收回的投资收益

=19 000+500

=19 500（元）

取得投资收益所收到的现金＝收到的股息收入

=90 500（元）

处置固定资产收回的现金净额 =300 000+（1 800−300）

=301 500（元）

购建固定资产支付的现金＝用现金购买的固定资产、工程物资＋支付给在建工程人员的薪酬

=1 200 000+100 000+200 000

=1 500 000（元）

取得借款所收到的现金 =560 000（元）

偿还债务支付的现金 =250 000+501 000

=751 000（元）

偿还利息支付的现金 =10 500（元）

根据上述数据，编制现金流量表，如表 8-15 所示。

表 8-15　现金流量表　　　　**会企 03 表**

编制单位：北方房地产开发公司　　　　2×18 年　　　　单位：元

项目	本期金额	上期金额
一、经营活动产生的现金流量		略
销售商品、提供劳务收到的现金	2 397 336	
收到的税费返还	0	
收到其他与经营活动有关的现金	0	
经营活动现金流入小计	2 397 336	
购买商品、接受劳务支付的现金	898 412	
支付给职工以及为职工支付的现金	388 800	
支付的各项税费	311 124	
支付其他与经营活动有关的现金	203100	
经营活动现金流出小计	1 801 436	
经营活动产生的现金流量净额	595 900	

续表

项目	本期金额	上期金额
二、投资活动产生的现金流量		
收回投资收到的现金	19 500	
取得投资收益收到的现金	90 500	
处置周定资产、无形资产和其他长期资产收回的现金净额	301 500	
处置子公司及其他营业单位收到的现金净额	0	
收到其他与投资活动有关的现金	0	
投资活动现金流入小计	411 500	
购建固定资产、无形资产和其他长期资产支付的现金	1 500 000	
投资支付的现金	0	
取得子公司及其他营业单位支付的现金净额	0	
支付其他与投资活动有关的现金	0	
投资活动现金流出小计	1 500 000	
投资活动产生的现金流量净额	–1 088 500	
三、筹资活动产生的现金流量		
吸收投资收到的现金	0	
取得借款收到的现金	560 000	
收到其他与筹资活动有关的现金	0	
筹资活动现金流入小计	560 000	
偿还债务支付的现金	751 000	
分配股利、利润或偿付利息支付的现金	10 500	
支付其他与筹资活动有关的现金	0	
筹资活动现金流出小计	761 500	
筹资活动产生的现金流量净额	–201 500	
四、汇率变动对现金及现金等价物的影响	0	

续表

项目	本期金额	上期金额
五、现金及现金等价物净增加额	-694 100	
加：期初现金及现金等价物余额	1 406 300	
六、期末现金及现金等价物余额	712 200	

8.5 所有者权益变动表

8.5.1 所有者权益变动表的内容及结构

所有者权益变动表的结构与提供的主要信息如表 8-16 所示。

表 8-16 所有者权益变动表的内容及结构

所有者权益变动表	反映构成所有者权益各组成部分当期增减变动情况的报表
结构	当期损益、直接所有者权益的利得和损失，以及与所有者的资本交易导致的所有者权益的变动分别列示
单独列示反映的信息项目	净利润；直接所有者权益的利得和损失项目及其总额；会计政策变更和差错更正的累积影响金额；所有者投入资本和向所有者分配利润等；提取的盈余公积；实收资本或股本、资本公积、盈余公积、未分配利润的期初和期末余额及其调节情况

8.5.2 所有者权益变动表的填列方法

（1）“上年年末余额”项目，反映企业上年资产负债表中实收资本（或股本）、资本公积、库存股、盈余公积、未分配利润的年末余额。

（2）“会计政策变更”“前期差错更正”项目，分别反映企业采用追溯调整法处理的会计政策变更的累积影响金额和采用追溯重述法处理的会计差错更正的累积影响金额。

（3）“本年增减变动额”项目，如表 8-17 所示。

表 8-17　“本年增减变动额”项目

<table>
<tr><th>项目</th><th>概念</th><th>具体内容</th></tr>
<tr><td>“净利润”</td><td colspan="2">反映企业当年实现的净利润（或净亏损）金额</td></tr>
<tr><td rowspan="3">“直接所有者权益的利得和损失”</td><td rowspan="3">反映企业当年直接所有者权益的利得和损失金额</td><td>“可供出售金融资产公允价值变动净额”：反映企业持有的可供出售金融资产当年公允价值变动的金额</td></tr>
<tr><td>“权益法下被投资单位其他所有者权益变动的影响”：反映企业对按照权益法核算的长期股权投资，在被投资单位除当年实现的净损益以外其他所有者权益当年变动中应享有的份额</td></tr>
<tr><td>“与所有者权益项目相关的所得税影响”：反映企业根据《企业会计准则第 18 号——所得税》规定应所有者权益项目的当年所得税影响金额</td></tr>
<tr><td rowspan="2">“所有者投入和减少资本”</td><td rowspan="2">反映企业当年所有者投入的资本和减少的资本</td><td>“所有者投入资本”：反映企业接受投资者投入形成的实收资本（或股本）和资本溢价或股本溢价</td></tr>
<tr><td>“股份支付所有者权益的金额”：反映企业处于等待期中的权益结算的股份支付当年资本公积的金额</td></tr>
<tr><td rowspan="2">“利润分配”</td><td rowspan="2">反映企业当年的利润分配金额</td><td>“提取盈余公积”：反映企业按照规定提取的盈余公积</td></tr>
<tr><td>“对所有者（或股东）的分配”：反映对所有者（或股东）分配的利润（或股利）金额</td></tr>
<tr><td rowspan="3">“所有者权益内部结转”</td><td rowspan="3">反映企业构成所有者权益的组成部分之间的增减变动情况</td><td>“资本公积转增资本（或股本）”：反映企业以资本公积转增资本或股本的金额</td></tr>
<tr><td>“盈余公积转增资本（或股本）”：反映企业以盈余公积转增资本或股本的金额</td></tr>
<tr><td>“盈余公积弥补亏损”：反映企业以盈余公积弥补亏损的金额</td></tr>
</table>

【例 8-4】所有者权益变动表的编制

沿用例 8-1、例 8-2 和例 8-3 的资料，北方房地产开发公司其他相关资料为：提取盈余公积 66 621.10 元，向投资者分配现金股利 1 210 441.75 元。

根据上述资料，甲公司编制 2×18 年度的所有者权益变动表，如表 8-18 所示。

表 8-18　所有者权益变动表

会企 04 表

编制单位：北方房地产开发公司　　2×18 年度　　单位：元

项目	本年金额							上年金额（略）						
	实收资本（或股本）	资本公积	减：库存股	其他综合收益	盈余公积	未分配利润	所有者权益合计	实收资本（或股本）	资本公积	减：库存股	其他综合收益	盈余公积	未分配利润	所有者权益合计
一、上年年来余额	5 000 000	0	0	0	100 000	50 000	5 150 000							
加：会计政策变更														
前期差错更正														
二、本年年初余额	5 000 000	0	0	0	100 000	50 000	5 150 000							

续表

三、本年增减变动金额（减少以“—”号填列）														
（一）综合收益总额						1 335 000	1 335 000							
（二）所有者投入和减少资本														
1. 所有者投入资本														
2. 股份支付计入所有者权益的金额														
3. 其他														

续表

（三）利润分配														
1. 提取盈余公积					66 621.10	−66 621.10	0							
2. 对所有者（或股东）的分配						−1 210 441.75	−1 210 441.75							
3. 其他														
（四）所有者权益内部结转														
1. 资本公积转增资本（或股本）														
2. 盈余公积转增资本（或股本）														

续表

3. 盈余公积弥补亏损														
4. 其他														
四、本年年末余额	5 000 000	0	0	0	166 621.10	108 037.15	5 274 658.25							